INTRODUÇÃO AO SISTEMA JURÍDICO ANGLO-AMERICANO

INTRODUÇÃO AO SISTEMA JURÍDICO ANGLO-AMERICANO

Toni M. Fine

Tradução
EDUARDO SALDANHA

Revisão técnica
EDUARDO APPIO

SÃO PAULO 2019

Esta obra foi publicada originalmente em inglês com o título
AN INTRODUCTION TO THE ANGLO-AMERICAN LEGAL SYSTEM
por Thomson
Copyright © 2007 Toni M. Fine
Todos os direitos reservados. Este livro não pode se reproduzido, no todo ou em parte, armazenado em sistemas eletrônicos recuperáveis nem transmitido por nenhuma forma ou meio eletrônico, mecânico ou outros, sem a prévia autorização por escrito do Editor.
Copyright © 2011 Editora WMF Martins Fontes Ltda.,
São Paulo, para a presente edição.

1ª edição *2011*
2ª tiragem *2019*

Tradução
EDUARDO SALDANHA

Revisão técnica
Eduardo Appio
Acompanhamento editorial
Márcia Leme
Preparação do original
Maria Luiza Favret
Revisões gráficas
Andréa Stahel M. da Silva
Sandra Garcia Cortés
Edição de arte
Katia Harumi Terasaka
Produção gráfica
Geraldo Alves
Paginação
Studio 3 Desenvolvimento Editorial

Dados Internacionais de Catalogação na Publicação (CIP)
(Câmara Brasileira do Livro, SP, Brasil)

Fine, Toni M.
  Introdução ao sistema jurídico anglo-americano / Toni M. Fine ; tradução Eduardo Saldanha ; revisão técnica Eduardo Appio. – São Paulo : Editora WMF Martins Fontes, 2011. – (Biblioteca jurídica WMF)

  Título original: An introduction to the Anglo-American legal system.
  ISBN 978-85-7827-435-1

  1. Direito – Estados Unidos 2. Organização judiciária – Estados Unidos 3. Processo judicial – Estados Unidos I. Appio, Eduardo. II. Título. III. Série.

11-06848   CDD-34(73)

Índices para catálogo sistemático:
1. Direito : Estados Unidos   34(73)
2. Estados Unidos : Direito   34(73)

Todos os direitos desta edição reservados à
Editora WMF Martins Fontes Ltda.
Rua Prof. Laerte Ramos de Carvalho, 133 01325.030 São Paulo SP Brasil
Tel. (11) 3293.8150 e-mail: info@wmfmartinsfontes.com.br
http://www.wmfmartinsfontes.com.br

SUMÁRIO

Apresentação... XV

CAPÍTULO I

Considerações iniciais: definindo elementos do sistema do *common law* dos Estados Unidos...... 1

CAPÍTULO II

A Constituição dos Estados Unidos........................... 5
  I. Introdução 5
  II. Uma perspectiva estrutural da Constituição dos Estados Unidos 6
    A. Preâmbulo... 6
    B. Artigos: o corpo da Constituição..................... 7
    C. Emendas 7
  III. Artigos: estruturas governamentais e divisão de poderes 8
    A. O governo nacional: separação de poderes e o sistema de freios e contrapesos (*checks and balances*) 8
      1. Separação dos poderes: uma perspectiva geral do governo federal............................. 8
        a. Artigo I: o Congresso dos Estados Unidos 9

(1) Duas casas 9
   (a) A Casa dos Representantes – Câmara dos Deputados.................... 9
   (b) O Senado Federal 9
(2) Congresso como um ente não parlamentarista.. 10
(3) O procedimento legislativo............... 10
(4) Limites do Poder Legislativo federal 11
(5) A doutrina da não delegação 13
   b. Artigo II: o Executivo federal................... 14
   c. Artigo III: o Judiciário federal.................. 15
   2. Freios e contrapesos (*checks and balances*).. 17
   B. Federalismo: as relações entre estados e governo federal... 18
IV. Emendas: Direitos e liberdades individuais e mudanças estruturais.. 20

CAPÍTULO III

Sistemas judiciais dos Estados Unidos........................ 31
I. Introdução e panorama geral............................... 31
II. Cortes federais... 32
   A. Fundamentos constitucionais e estrutura 32
   B. Panorama geral da estrutura da corte federal 33
      1. Cortes distritais dos Estados Unidos 34
      2. Tribunal de Apelação dos Estados Unidos (*U.S. Court of Appeals*) 36
      3. Suprema Corte dos Estados Unidos........... 37
   C. Administração do sistema federal de cortes... 38
III. Escolhendo uma corte: jurisdição e questões relacionadas 40
   A. Jurisdição por matéria: corte federal ou estadual?... 41
      1. *Federal question jurisdiction*.......................... 41
      2. *Diversity jurisdiction*..................................... 42
      3. Considerações sobre a *removal and supplemental jurisdiction* 42
      4. Efeito da falta de *subject matter jurisdiction* 43

    B. Jurisdição pessoal (*personal jurisdiction*).......... 43
        1. *Long-arm statute* estadual............................ 44
        2. Devido processo (*due process*)...................... 44
    C. Foro (*venue*)... 44
    D. Escolha de lei aplicável 45
        1. Questões processuais................................... 46
        2. Questões materiais....................................... 46
IV. Algumas considerações sobre os sistemas de cortes estaduais.. 47
    A. Sistemas autônomos e independentes............ 47
    B. Estrutura dos sistemas de corte estadual........ 48
    C. Escolha dos juízes das cortes estaduais.......... 48

CAPÍTULO IV

Fontes de direito e questões relacionadas................ 49
  I. Introdução 49
  II. Fontes de direito primárias *vs.* fontes de direito secundárias 49
    A. Fontes de direito primárias............................. 50
        1. Definição... 50
        2. Fontes de direito primárias como reflexo do federalismo e da separação dos poderes.... 50
        3. Hierarquia das fontes de direito primárias. 50
    B. Fontes de direito secundárias......................... 51
        1. *Law review*/artigos científicos 51
        2. Enciclopédias jurídicas/*treatises*/*American Law Reports* 53
            a. Enciclopédias jurídicas............................ 53
            b. *Treatises* 53
            c. *American Law Reports* (ALR) 54
        3. *Restatements* 54
        4. Leis uniformes e leis-modelo...................... 55
            a. Leis uniformes... 55
            b. Leis-modelo 56
  III. Instrumentos de busca 56
    A. Buscando um *case law* 56
        1. *Case reporters*... 56

  a. *Reporters* das cortes estaduais 57
  b. *Reporters* da corte federal 57
   (1) *Reporters* da Suprema Corte 57
   (2) *Reporters* do tribunal de apelação 58
   (3) *Reporters* das cortes distritais 58
 2. Instrumentos de busca de casos 58
  a. *Digests* 58
  b. Enciclopédias jurídicas/*treatises*/*American Law Reports* 59
  c. Sistemas *citator* 60
 B. Buscando lei codificada 60
  1. Fontes de direito codificado 60
  2. Códigos anotados 61
 C. Buscando material de órgãos governamentais (agências) e outros materiais executivos . 61
IV. Convenções de citações 62
V. Buscando o direito norte-americano na rede mundial de computadores 64

CAPÍTULO V

O desenvolvimento do *common law* e o uso do precedente 67
 I. *Common law* e o seu desenvolvimento 67
 II. Trabalhando com *case law* 70
  A. Anatomia de um caso 70
   1. Informações básicas sobre o caso 71
   2. Fatos materiais 71
   3. Histórico processual/situação processual ... 71
   4. Questões legais 72
   5. *Holding* 72
   6. *Rationale* 72
  B. Resumindo um caso 73
   1. Informações básicas sobre o caso 74
   2. Fatos materiais 74
   3. Histórico processual/situação processual ... 74
   4. Questões legais 74

- 5. *Holding* 74
- 6. *Rationale* 75
- 7. Outras opiniões 75
- 8. Comentários 75
- C. Resumindo um *case law* 75
- III. Regras do *stare decisis* 76
  - A. Considerações gerais.................................. 76
  - B. *Rationale* para o *stare decisis* 77
    - 1. Previsibilidade 77
    - 2. Justiça 77
    - 3. Eficiência judicial................................. 77
    - 4. Integridade do sistema judicial 78
    - 5. Decisão judicial conscienciosa.............. 78
  - C. Operacionalização dos princípios do *stare decisis*.. 78
    - 1. A questão legal apresentada 79
    - 2. Relação entre as cortes dos Estados Unidos 79
      - a. *Rulings* da Suprema Corte 80
      - b. *Rulings* dos tribunais de apelação 80
      - c. *Rulings* das cortes distritais..................... 81
    - 3. Fatos 81
    - 4. *Holding vs. dictum* 82
  - D. Sobrepondo (*overruling*) o precedente............ 83

CAPÍTULO VI

Litigância e outros procedimentos de solução de controvérsias 87
- I. Introdução 87
- II. Notas sobre acordos e transações...................... 87
- III. Resolução alternativa de controvérsias 88
  - A. Introdução à resolução alternativa de controvérsias... 88
  - B. Mediação... 88
  - C. Arbitragem 89
  - D. Benefícios dos mecanismos ADR.................... 91
- IV. Litigância civil 92

A. Introdução 92
B. Os atores: o papel das partes, dos advogados, do juiz e do júri 92
　1. As partes e seus advogados 93
　　a. O sistema adversarial e a importância das partes/advogados 93
　　b. Honorários contingenciais possíveis 93
　　c. Vedação de honorários de sucumbência pela parte perdedora 94
　2. O juiz 95
　3. O júri 95
　　a. Introdução ao sistema de júri 95
　　b. Vantagens e desvantagens 96
　　　(1) Vantagens do sistema de júri 96
　　　　(a) Aumenta a possibilidade de acordo 97
　　　　(b) Confiança no sistema 97
　　　　(c) Participação pública na administração da justiça 97
　　　(2) Críticas ao sistema de júri 97
　　　　(a) Tempo e custo 98
　　　　(b) Rigidez de procedimentos 98
　　　　(c) Processo irracional de tomada de decisões 99
C. Panorama da litigância civil 99
　1. Iniciando a litigância: considerações preliminares 99
　2. O pedido do reclamante (a petição inicial) 100
　3. Resposta do reclamado à petição inicial..... 101
　　a. Resposta 102
　　b. Moção para desconsideração do processo 103
　4. Administração processual: agendamentos e outras questões que antecedem o julgamento 104
　5. *Discovery* 105
　　a. Introdução 105
　　b. O escopo da *discovery* 106
　　　(1) Amplitude da permissão da *discovery*. 106

(2) Exceções da *discovery* 106
  (a) Privilégio advogado/cliente 106
  (b) Exceção do produto do trabalho (*work product exception*) 107
c. Mecanismos da *discovery* 107
  (1) Interrogatórios 108
  (2) Pedido de produção de documentos e outras coisas 108
  (3) Depoimentos 109
  (4) Pedidos de admissão 109
  (5) Avaliação física e/ou mental 109
d. Prática e procedimento da *discovery*: o papel da Corte 110
  (1) Moção para compelir 110
  (2) Moção para uma ordem protetiva 110
6. Moções para julgamento sumário 111
7. Outras moções pré-julgamento 111
8. Julgamento 112
  a. Escolha do júri 112
   (1) Elaboração da lista de potenciais jurados 112
   (2) Exclusões automáticas 113
   (3) *Voir dire* 113
     (a) Introdução e noções gerais 113
     (b) Desafios aos potenciais jurados .. 114
       (i) Desafios por causa 114
       (ii) Desafios peremptórios 114
  b. Alegações iniciais 115
  c. Produção de provas 115
  d. Alegações finais 117
  e. Acusação formal ao júri 118
  f. Deliberações do júri, veredito e a questão dos danos punitivos 119
   (1) Deliberações do júri e veredito 119
   (2) Danos punitivos 120
9. Moções pós-julgamento 121
10. Registro de julgamento 122
11. Execução do julgamento 122
V. Litigância criminal 122

A. Introdução 122
B. Panorama da litigância criminal 123
   1. Indiciamento pelo *grand jury* 123
   2. Interrogatório após a prisão 124
   3. Audiência de causa provável (*probable cause hearing*) 124
   4. Defesa 124
   5. *Discovery* 124
   6. Moções probatórias 125
   7. Julgamento pelo júri 125
   8. Sentença 126
VI. Apelações e o processo de apelação 126

APÊNDICE I

Constituição dos Estados Unidos da América 131

APÊNDICE II

Limites geográficos dos tribunais de apelação e das cortes distritais dos Estados Unidos 159

Em memória de Thiago Moraes Barbarisi, estudante engajado, advogado brilhante e amigo querido.

APRESENTAÇÃO

Apresentar um livro nunca é algo totalmente impessoal. Não se trata de um simples *trailer* com os melhores momentos da obra. Vai além. Aquele que apresenta a obra tem de conhecer bastante bem o seu autor, pois o livro revela o pensamento de quem o produziu. É uma honra poder apresentar a obra de Toni Fine em língua portuguesa, pois sei que a autora dá grande importância à fiel compreensão de suas preocupações acadêmicas, e também um dever para com seus leitores.

Tive a grata oportunidade de conhecer a professora Toni Fine ainda no verão de 2008, em Nova York, quando em contato com a Fordham University, sediada em Manhattan. Na condição de vice-reitora e coordenadora geral dos programas internacionais da faculdade de Direito, ela me recebeu na sede da Fordham e, desde o primeiro momento, ficou bastante claro para mim o respeito e o apreço que nutre pelo Brasil. Tenho a satisfação de ser seu amigo pessoal e conhecer muito bem a sua obra. Na coordenação dos programas internacionais, a professora Toni Fine desenvolve e coordena, há vários anos, um curso destinado a estrangeiros que atuam na área do Direito. Tive o prazer de participar de um deles em julho de 2010. Trata-se de um curso anual que congrega os estudos em uma das melhores universidades do país, com a agradável oportunidade de estar em Nova York durante o verão. Muitos interessados se matriculam nesse curso todos os anos, e este livro é, fundamentalmente, dedicado aos estrangeiros que querem estabelecer um primeiro contato com o direito norte-americano, daí sua linguagem didática e a pretensão de fornecer somente as informações essenciais ao leitor.

Este livro que tenho a honra de apresentar (e também de fazer a revisão técnica) é, em última análise, resultado da necessidade de propiciar aos alunos estrangeiros o acesso ao sistema jurídico norte-americano. Trata-se de um projeto bastante ambicioso, pois não é nada fácil condensar, de forma clara, um grande volume de informações, fornecendo ao leitor aquilo que de essencial compõe esse sistema. Acredito que a professora Toni Fine se saiu muito bem nessa difícil missão. Escapa da tentação de ser por demais acadêmica em temas que lhe são bastante familiares por conta de sua longa experiência como advogada em Washington e Nova York. O texto é sintético e vai direto ao ponto, sem porém cair na superficialidade.

Fica difícil falar do texto sem antes falar um pouco da sua autora, já que ele reflete a personalidade dela. Meu primeiro contato com uma universidade norte-americana se deu em junho de 2005, quando estive na Universidade do Texas, em Austin, como professor visitante. Já naquela época, sentia imensa dificuldade em compreender bem o sistema jurídico dos Estados Unidos, em especial o sistema constitucional do país, no qual a Suprema Corte é a mais alta instância de poder político. Já fazia quinze anos que eu atuava em diversas áreas do sistema jurídico brasileiro, como promotor, juiz de direito, juiz federal e advogado, e, para mim, o poder mais importante, no país mais rico do mundo, era o Judiciário, o qual queria saber como funcionava. Qual era, afinal de contas, a arquitetura política que permitiu, com o passar dos anos, o florescimento de um Poder Judiciário tão citado e respeitado pelas cortes dos outros países? Por que a doutrina nos Estados Unidos estuda e debate quase obsessivamente as decisões da Suprema Corte? Como um advogado atua no país? O sistema recursal norte-americano é similar ao brasileiro? Enfim, surgiam muitas dúvidas cada vez

APRESENTAÇÃO XVII

que eu buscava a boa doutrina norte-americana, na condição de leitor assíduo de autores como Ronald Dworkin e John Rawls. Para estes autores que escrevem para o público letrado no direito norte-americano, o leitor já conhecia as informações básicas sobre o sistema governamental do país. A maior parte dos autores norte-americanos, ainda hoje, não escreve com o fim de atingir um público que trabalhe e more fora dos Estados Unidos e, por este motivo, fica um pouco difícil compreender todas as nuanças de seu pensamento. Mas os ensinamentos da professora Toni Fine facilitaram, em grande medida, os meus estudos sobre o direito norte-americano e me aproximaram ainda mais daqueles autores que, como Ronald Dworkin, destacam-se na doutrina do país. A ideia de publicar o livro da professora Toni Fine no Brasil veio, a meu ver, suprir essa necessidade do nosso mercado editorial, qual seja, a de garantir ao professor, aluno ou advogado brasileiro uma introdução eficiente ao sistema jurídico norte-americano, a fim de colocar esses profissionais em pé de igualdade com os leitores norte-americanos. Após a leitura deste livro, tenho plena certeza de que os leitores compreenderão com maior facilidade textos mais densos sobre o assunto.

O sistema governamental dos Estados Unidos sempre despertou grande fascínio nos profissionais brasileiros, seja porque o país é uma potência econômica mundial, seja porque foi a primeira nação a ter uma Constituição escrita. Existem inúmeros pontos de aproximação entre o sistema norte-americano e o brasileiro. O leitor poderá descobrir com facilidade toda essa gama de conexões. Basta recordar o fato de que o controle difuso da constitucionalidade das leis no Brasil e a força vinculante dos precedentes têm recebido grande atenção por parte do nosso Supremo Tribunal Federal ao longo dos últimos cinco anos. Trata-se, como todos sabemos, de uma clara aproximação com o sistema norte-americano e, para muitos, do tardio resgate de uma longa tradição republicana no país que remonta à época de Ruy Barbosa.

O livro inicia com um desenho básico da estrutura da Constituição dos Estados Unidos e, neste sentido, acredito que a autora tenha simplificado uma teoria muito citada, mas pouco conhecida em sua essência: a doutrina dos "freios e contrapesos" (checks and balances). Na introdução ao segundo capítulo, ela recorda as palavras de James Madison (*Federalist Papers*), ao alertar para o fato de que toda a concentração de poder é indesejável e, por este motivo, o sistema governamental deve ser repartido em três ramos distintos, os quais devem funcionar de modo cooperativo e se controlar reciprocamente. A ideia de que o ramo de governo "mais fraco" (Poder Judiciário) seja investido na função política mais importante do país – qual seja, a de interpretar o texto da Constituição dos Estados Unidos – significa uma ruptura com todos os paradigmas da teoria política até então existentes. Na França e na Inglaterra, todas as atenções estavam voltadas para o Poder Legislativo. Os juízes exerciam funções ancilares em relação aos demais poderes. Obviamente, essa não era a concepção original dos constituintes norte-americanos, até porque existia um grande debate entre federalistas e antifederalistas no momento histórico que precedeu a Constituição de 1787. A essência do debate não consistia em saber qual dos três ramos de governo seria o mais importante, mas sim de que maneira a autonomia dos estados da Federação seria mantida e respeitada com a criação de um governo central tão forte.

A ideia de uma Constituição escrita confere, neste específico momento histórico, unidade nacional e possibilita o surgimento de um poder federal. Este poder, que é central, como lembra Toni Fine ao tratar do tema no Capítulo II do livro, no qual aprofunda o debate acerca das relações entre os governos estaduais e federal, possui poderes bastante limitados. Isto se deve ao fato de que boa parte dos estados da Federação resistia em adotar a ideia de um governo nacional, com receio de que isto significasse a completa renúncia às autonomias locais duramente conquistadas.

A concepção de que uma Suprema Corte dos Estados Unidos, de índole federal, tenha assumido tão importantes funções com o passar dos anos – tais como a de decidir acerca da constitucionalidade da escravidão e do aborto – rompe, em realidade, com a concepção original da Constituição do país, pois se ampara na ideia de que os governos estaduais não podem regular livremente essas matérias. E aí temos outro traço (antropológico) marcante da cultura norte-americana, qual seja, o respeito à liberdade individual. Esta verdadeira devoção nacional aos direitos e liberdades individuais – em especial, à liberdade de expressão – também parte da premissa de que cada estado da Federação tem uma legislação própria para temas considerados "sensíveis" à comunidade, como no caso do casamento entre pessoas do mesmo sexo e do tratamento legal dado ao uso de drogas ilícitas.

Alguns estados da Federação são claramente mais liberais, do ponto de vista político, e, por conseguinte, atraem maior contingente de pessoas que comungam com esse mesmo ideário e modo de viver. A Califórnia, os estados de Nova York e de Vermont são exemplos marcantes desse liberalismo político. Um cidadão que tenha nascido em um estado menos liberal, do ponto de vista político – como no estado do Texas ou no Mississipi –, pode tranquilamente mudar para um estado que "combine" melhor com seu jeito de ser. Esta possibilidade virtual limita, em alguma medida, o ativismo desenfreado da Suprema Corte com relação a determinados temas, com base na concepção de que as autonomias regionais devem ser equilibradas com a ideia de nação.

Ao tratar dos direitos e garantias individuais nos Estados Unidos, a professora Toni Fine recorda a "enorme importância" da cláusula do devido processo legal (*due process*) para o direito norte-americano, simplificando e sintetizando os testes ou níveis de escrutínio impostos pela Suprema Corte na aferição da (in)constitucionalidade de determinada lei. Trata-se de um sistema complexo, mas ela consegue explicá-lo de maneira tão simples que se torna dispensável a leitura de longos tratados escritos sobre o tema.

No Capítulo III deste livro, a autora se debruça sobre a estrutura do Poder Judiciário norte-americano. Sempre tive grande dificuldade em compreender as razões pelas quais uma corte federal de apelações (circuito) poderia rever a decisão de uma corte estadual, ou mesmo de que maneira uma parte consegue levar sua causa até a Suprema Corte. A leitura do livro me ajudou a compreender como isso acontece, esclarecendo os critérios objetivos que um advogado deve adotar na escolha do foro adequado para sua demanda nos Estados Unidos.

A autora também confere destaque às chamadas "fontes de direito" nos Estados Unidos, algo um pouco distinto do nosso sistema, na medida em que, a par da legislação (*statutes*) e de uma Constituição escrita, os juízes também invocam, em suas decisões, os princípios do *common law* e aceitam o fato de que as decisões judiciais são fonte formal de direito no país.

A partir da segunda metade do livro, fica clara a principal preocupação da autora: fornecer ao leitor as informações indispensáveis para compreender de que maneira funciona o sistema de solução de disputas nos Estados Unidos, ou seja, por meio de quais mecanismos as partes litigam dentro ou fora de uma estrutura estatal. Neste aspecto, ela evidencia outro dado marcante da cultura do país. Embora – no dizer da própria autora – os norte-americanos sejam litigantes por natureza, o elevado número de acordos em juízo ou fora dele é verdadeiramente espantoso, de maneira que os próprios juízes norte-americanos reconhecem que, sem esses acordos – seja na esfera civil ou penal –, o sistema entraria em colapso.

O fato de grande volume de demandas potencialmente poderem ser julgadas por um júri – na esfera civil ou penal – adiciona um importante componente ao sistema de solução destas disputas e incentiva as partes a chegarem a um acordo. Toni Fine ressalta que o papel do juiz norte-americano, durante a instrução processual, é bastante distinto do papel tradicional do juiz brasileiro, na medida em que as partes é que assumem a incumbência de produzir as provas e levar o processo adiante. A autora, na condição de experiente advogada em Washington e Nova York, oferece ao leitor preciosas informações sobre como funciona o processo no juízo cível e criminal, com especial destaque para a fase mais importante,

APRESENTAÇÃO   XXI

a *discovery*, quando as partes buscam evidências que irão subsidiar sua tese durante o litígio e, no mais das vezes, garantir um acordo mais justo e mais rápido. Em complemento, aprofunda o debate sobre os chamados ADRs (meios alternativos de solução de disputas), tais como a mediação e arbitragem, temas que hoje fazem parte dos currículos de todas as faculdades de Direito nos Estados Unidos.

Finalmente, o destaque que dá ao sistema de precedentes (*stare decisis*) é da mais alta importância, já que se trata de assunto em foco hoje no Brasil, pois ainda damos os primeiros passos na construção de um modelo judicial precedentalista.

Os capítulos são sintéticos, e a linguagem é clara e objetiva. Em alguns momentos, infelizmente, o leitor não poderá identificar – mesmo com a excelente tradução do professor Eduardo Saldanha – o principal traço da personalidade da autora: a sua espirituosidade e o seu bom humor.

A professora Toni Fine é uma típica nova-iorquina, daquelas que só se veem nos filmes de Woody Allen, pois, na vida real, só se encontram estrangeiros em Manhattan. Quando a autora, já na parte final do livro, ao tratar do recurso de apelação nos tribunais, menciona que a parte sucumbente pode pedir ao painel composto por três juízes que "reconsiderem" sua decisão, mas que, "por razões óbvias", esse pedido em geral não é deferido, temos aí uma pequena amostra da leveza e do bom humor com que trata os temas ligados ao direito.

Enfim, ler a obra significa, em alguma medida, conviver um pouco com a sua autora, algo que para mim é um privilégio, sempre renovado quando nos encontramos profissionalmente em Manhattan ou no Brasil, a segunda pátria dessa professora norte-americana que me mostrou mais e melhores razões para conhecer e estudar o direito norte-americano.

Curitiba, março de 2011

EDUARDO APPIO
Pós-Doutor em Direito Constitucional pela UFPR
Visiting scholar no Texas e em Nova York
Professor e juiz federal em Santa Catarina

Capítulo I
Considerações iniciais: definindo elementos do sistema do common law *dos Estados Unidos*

Embora seja difícil caracterizar o sistema de direito anglo-americano[1] em poucas páginas, como o objetivo desta breve introdução é identificar alguns aspectos fundamentais desse sistema, essa tarefa mostra-se possível.

O primeiro aspecto fundamental que emerge é o fato de as estruturas governamentais serem marcadas por notáveis divisões de poder, tanto verticais como horizontais. Segundo, a existência de uma variedade de fontes de direito no sistema jurídico dos Estados Unidos, as quais nascem de cada ramificação do governo, em ambos os níveis, tanto federal como estadual, e a partir de um impressionante número de fontes secundárias de grande ou pequena influência. Terceiro, o sistema jurídico norte-americano distingue-se pela primazia de uma dessas fontes – ou seja, o *case law* (precedente). Sob determinadas circunstâncias, o *case law* é obrigatório, de acordo com os princípios do *stare decisis*, uma política segundo a qual decisões judiciais são seguidas em casos subsequentes que envolvam a mesma questão jurídica e fatos materiais similares. Por fim, o fato de o sistema processual nos Estados Unidos apresentar diversos atributos singulares.

Cada um desses aspectos será discutido brevemente a seguir e de forma mais profunda nos capítulos posteriores.

---

1. O termo "anglo-americano" é utilizado para referir-se ao sistema jurídico dos Estados Unidos, o qual possui suas raízes no *common law* inglês.

Primeiro: a natureza das estruturas governamentais (Capítulo II) – As estruturas governamentais, nos Estados Unidos, são caracterizadas por uma notável divisão de poder. Os pais da Constituição procuraram descentralizar o poder o mais possível, a fim de evitar a acumulação de poder em um único organismo ou nas mãos de uma só pessoa. Essa divisão de poder foi pensada e adotada com o intuito de preservar os direitos e as liberdades individuais. Nesse sentido, o federalismo mostra-se como um importante arranjo constitucional, sob o qual os poderes são divididos entre um governo nacional (ou federal), de um lado, e diversos governos estaduais, do outro. Nos Estados Unidos, o governo federal possui ampla autoridade, mas poderes limitados. Ou seja, a autoridade do governo é limitada aos poderes enumerados na Constituição, sendo que os estados detêm poderes consideráveis. Em cada soberania* – isto é, o governo nacional e o governo de cada estado –, os poderes estão divididos entre as três ramificações: a legislativa (responsável pela criação das leis), a executiva (responsável pela execução da lei) e a judiciária (responsável pela interpretação das leis). Essa separação de poderes é complementada por um sistema de freios e contrapesos pelo qual cada poder mantém algum controle (freio) sobre os demais.

A Constituição dos Estados Unidos determina, com base no que concerne ao governo nacional, que cada um dos estados da Federação também possui uma Constituição que prevê um sistema similar de separação de poderes, considerando ainda que, embora separados, esses poderes também são sobrepostos ou divididos. Ainda, existem alguns direitos que são inerentes às pessoas e não estão sujeitos a nenhuma interferência governamental; podem estar sujeitos a essa interferência somente quando demonstrada uma necessidade governamental plausível.

---

* Deve-se notar que o termo "em cada soberania" indica a descentralização entre governo federal e dos estados. Entretanto, eles devem ser caracterizados de forma soberana, sob a égide de uma mesma Constituição, o que difere o federalismo norte-americano do brasileiro. (N. do T.)

Segundo: sistema judicial dos Estados Unidos (Capítulo III) – Os Estados Unidos são compostos de dois sistemas de cortes independentes: o sistema federal de cortes, organizado hierárquica e geograficamente, e o sistema estadual de cortes, controlado autonomamente por cada estado soberano.

A Suprema Corte dos Estados Unidos é o árbitro final no que se refere ao direito federal. Entretanto, a Corte de última instância de cada sistema estadual tem a última palavra no que tange à interpretação da lei daquele estado. Essa natureza dual do sistema de cortes no país produz um número considerável de complexidades, como nos casos em que as cortes federais são instadas a interpretar e aplicar o direito federal ou o dos estados.

Terceiro: fontes de direito (Capítulo IV) – O direito anglo-americano é produto de várias e diferentes fontes, as quais podem ser classificadas em primárias ou secundárias. Em razão da dualidade de sistemas de governo sob o sistema federalista dos Estados Unidos, as fontes primárias são criadas tanto em nível federal como estadual. Essas fontes devem ser diferenciadas de acordo com os níveis de respeito, baseados em princípios de supremacia (sob a qual uma lei federal válida sobrepõe-se a uma lei estadual que conflita com ela) e de hierarquia (sob a qual normas constitucionais sobrepõem-se às leis que possuem precedência sobre determinações do Poder Executivo, o qual, por sua vez, tem precedência sobre o *case law*). Quando não existe norma definidora primária, as cortes devem consultar fontes primárias não vinculantes ou uma variedade de fontes secundárias de direito.

Quarto: a primazia do case law (Capítulo V) – O *case law* encontra-se em posição de destaque no sistema de *common law* dos Estados Unidos. Ler, analisar e sumarizar o *case law* é um aspecto da prática jurídica (e do estudo do direito) no país. Segundo as regras do *stare decisis*, o precedente – os casos judiciais decididos anteriormente – deve vincular a Corte subsequente que esteja considerando uma mesma questão legal. Ainda, embora as fontes constitucionais e legais sejam superiores aos casos na hierarquia das fontes de direito, qualquer *case law* relevante é consultado quando da aplicação de regras constitucionais ou legais (ou similares) no futuro. Em outras palavras, as cortes, nos Estados Unidos, não empreendem nova interpretação das normas constitucionais e estatutárias em cada caso; consultam decisões já existentes sobre a norma legal e que estejam à disposição do julgador, em relação às quais o precedente pode ou não estar vinculado.

Quinto: o sistema adversarial e seus atributos (Capítulo VI) – De acordo com o sistema adversarial norte-americano, as partes (por intermédio dos seus advogados) são responsáveis pelo desenvolvimento de todo o caso (fatos e questões legais). O juiz tem papel relativamente passivo em diversos aspectos do julgamento, mas é responsável por garantir que questões relativas às provas e outras determinações legais sejam seguidas e que as questões legais sejam apresentadas de maneira apropriada ao júri. O júri, formado por um grupo de leigos reunidos para um julgamento específico, é encarregado de decidir os fatos em disputa e de aplicar o direito a esses fatos, de acordo com as instruções do juiz.

O sistema processual dos Estados Unidos é marcado por diversas outras características distintas. A presença do júri como o investigador do fato gera desafios especiais e uma dinâmica única. Os procedimentos investigatórios preliminares ao julgamento no país são muito mais extensos do que em qualquer outro lugar do mundo. Tais procedimentos têm sido criticados por serem considerados prejudiciais ao sistema, mas também têm sido elogiados por promoverem soluções racionais e permitirem que os julgamentos transcorram de forma mais suave e sem vantagens estratégicas baseadas na surpresa. Além disso, condenações pesadas, a título de danos punitivos (*punitive damages*), podem ser adjudicadas no país. Embora tais condenações não sejam comuns, essa simples possibilidade produz impacto nas estratégias de acordo e de litigância. Essas e várias outras características peculiares do sistema jurídico dos Estados Unidos geram grandes desafios aos estudantes, operadores de direito e juízes.

Capítulo II
A Constituição dos Estados Unidos

I. INTRODUÇÃO

A Constituição dos Estados Unidos[1] estabelece e organiza o governo e as instituições governamentais e determina em termos gerais os direitos e as liberdades dos seus cidadãos. Esse documento define a divisão de poderes e a sobreposição de sistemas e competências de forma cuidadosamente equilibrada. Ao fazer isso, estabelece um governo nacional forte o suficiente para alcançar as expectativas de toda a nação, ainda que limitado no sentido de proteger e preservar os direitos dos indivíduos e também dos estados independentes e soberanos.

A divisão de poderes entre o governo nacional e os governos estaduais é conhecida como a "doutrina do federalismo". Às três ramificações distintas de governo são designados deveres diferentes (separação de poderes). Entretanto, cada ramo tem a obrigação de cooperar com os demais, além de fiscalizá-los (freios e contrapesos). Como asseverado por James Madison:

> Na composição da república da América, o poder designado pelo povo é inicialmente dividido entre dois governos distintos, e depois a porção alocada para cada um subdivide-se entre departamentos distintos e separados. Assim, nasce

---

1. A Constituição dos Estados Unidos é apresentada no Apêndice I.

um duplo grau de segurança aos direitos do povo. Os governos controlam-se mutuamente, ao mesmo tempo que são controlados por eles mesmos.[2]

A Constituição dos Estados Unidos é um documento impressionantemente duradouro. Vigorando desde 1787, contém somente vinte e sete emendas, e suas características fundamentais continuam intactas desde a sua concepção. Também é um documento conciso. Consistente com o sistema de *common law*, no qual opera, possui diversas e abrangentes provisões, deixando às cortes a missão de desenvolver o significado preciso dos seus termos por meio do *case law* (precedente), característica esta que dá à Constituição flexibilidade para que possa adaptar-se e evoluir ao longo do tempo.

II. UMA PERSPECTIVA ESTRUTURAL DA CONSTITUIÇÃO DOS ESTADOS UNIDOS

A Constituição dos Estados Unidos apresenta três partes distintas: o preâmbulo; os artigos, os quais compõem o corpo da Constituição; e as emendas.

A. PREÂMBULO

As palavras de abertura do preâmbulo da Constituição: "*Nós, o Povo...*" são bem conhecidas pela grande maioria dos norte-americanos e por muitos outros povos de todo o mundo. Embora não seja uma importante fonte textual, o preâmbulo evoca alguns dos temas primários contidos no corpo da Constituição. A frase de abertura, por si só, sugere uma delegação de poderes pelo povo, dotado de livre-arbí-

---

2. James Madison, *Federalist*, n. 51, 349 (ed. Carl Van Doren, The Easton Press, 1979). Os papéis federalistas foram uma série de anúncios de jornal desenhados para promover e angariar apoio para a Constituição proposta. Eles eram escritos por Alexander Hamilton, James Madison e John Jay, sob o pseudônimo de "Plubius".

trio. O preâmbulo também expressa a noção de que os estados e o povo são dotados de amplos poderes e que o governo nacional criado pela Constituição deve ter autoridade limitada. Esses temas são expostos em outras previsões constitucionais, como será discutido a seguir, e representam a característica central da Constituição e a relação entre o governo federal, de um lado, e o povo, do outro.

B. ARTIGOS: O CORPO DA CONSTITUIÇÃO

O corpo da Constituição é composto de sete artigos, os quais determinam a estrutura do governo dos Estados Unidos. Esse documento estabelece um governo federal cujo poder é dividido em Legislativo, Executivo e Judiciário. É importante ressaltar que esse governo federal possui amplos poderes, mas restritos. Sob o sistema federalista criado pela Constituição, os estados detêm competência exclusiva sobre diversos assuntos. Ao governo federal (nacional) foram delegados poderes somente até a medida em que tal autoridade fosse estritamente necessária para proteger os interesses e a segurança nacionais[3].

C. EMENDAS

Nos seus mais de duzentos anos de história, a Constituição somente foi emendada vinte e sete vezes. Existem algumas razões que explicam este fato. Primeiro, o processo de emendas, por si só, é extremamente oneroso e difícil de ser alcançado. Segundo, o povo norte-americano tem pela Constituição o mais profundo respeito e, normalmente, há grande relutância em aprovar emendas formais. Finalmente, a Constituição, como um documento em evolução ("vivo"), está em constante modificação ao ser interpretada e aplicada pelas cortes, e as emendas formais perdem importância.

---

3. Ver Parte III, a seguir.

III. ARTIGOS: ESTRUTURAS GOVERNAMENTAIS E DIVISÃO DE PODERES

Os sete artigos que compõem o corpo da Constituição dos Estados Unidos estabelecem a estrutura geral e os poderes do governo nacional (ou federal), como também definem a relação entre o governo nacional e os estados. A seção A discute a estrutura do governo nacional e a relação entre as três ramificações que o governo federal abrange. A seção B discute o federalismo, ou seja, a relação entre a soberania dos governos dos estados e o governo nacional.

O corpo da Constituição também estabelece o procedimento pelo qual ela pode ser emendada (artigo V); protege os privilégios e as imunidades dos cidadãos (artigo IV); garante credibilidade e concede fé aos dados públicos, atos e procedimentos de um estado pelos demais estados (artigo VI). O último artigo define a forma de ratificação da Constituição (artigo VII).

A. O GOVERNO NACIONAL: SEPARAÇÃO DE PODERES E O SISTEMA DE FREIOS E CONTRAPESOS (*CHECKS AND BALANCES*)

A Constituição estabelece um governo nacional equilibrado a partir da separação dos poderes em três ramos independentes: o Legislativo (artigo I), responsável por legislar no âmbito federal, celebrando leis federais; o Executivo (artigo II), responsável por fazer cumprir a lei nacional; e o Judiciário (artigo III), que aplica e interpreta o direito federal e o estadual por meio da solução de disputas entre partes em conflito.

1. Separação dos poderes: uma perspectiva geral do governo federal

O desenho constitucional garante a separação de poderes governamentais por meio de três ramos de governo independentes e equivalentes, como descrito a seguir.

a. Artigo I: o Congresso dos Estados Unidos

O artigo I da Constituição estabelece o Congresso Nacional como o Poder Legislativo nacional e proclama que "todos os poderes legislativos conferidos por esta Constituição serão confiados a um Congresso dos Estados Unidos".

(1) Duas casas

O Congresso é formado por duas câmaras: uma Casa de Representantes e o Senado. Embora as duas casas estejam em um mesmo patamar quanto aos seus papéis no processo legislativo, o Senado é tido como a câmara mais alta do Congresso.

(a) A Casa dos Representantes – Câmara dos Deputados

Os membros da Casa dos Representantes são eleitos por distritos congressuais de cada estado. Ela possui 435 membros, número definido por lei e proporcional ao número de habitantes de cada estado. Seus membros devem possuir no mínimo 25 anos de idade, devem ser cidadãos dos Estados Unidos por no mínimo sete anos e morar no estado pelo qual foram eleitos. Os representantes são eleitos diretamente pelo povo do distrito congressional que representam para um mandato de dois anos e são elegíveis para um número ilimitado de mandatos.

O oficial presidente da Casa dos Representantes é o orador, um membro da casa que é eleito pelos outros membros. A casa tem o poder de dar origem a todos os projetos de lei relativos ao orçamento, como aqueles referentes a tributos. Também possui o poder de proceder ao *impeachment* de oficiais federais, incluindo o presidente, o vice-presidente e os juízes federais.

(b) O Senado Federal

Cada estado elege dois senadores, totalizando cem senadores. Os senadores devem ter no mínimo 30 anos de idade, devem ser cidadãos americanos por ao menos nove anos e morar no estado pelo qual foram eleitos. De acordo com a décima sétima emenda, os senadores são eleitos diretamente pelo povo de cada estado. Seu mandato é de seis anos e eles podem se reeleger por um número ilimitado de vezes.

O vice-presidente dos Estados Unidos é o presidente do Senado e preside as suas atividades. O vice-presidente do Senado somente vota nos casos de empate. O Senado é responsável por ratificar a nomeação presidencial dos juízes federais, dos membros do gabinete presidencial, dos embaixadores e cônsules no exterior. Além disso, também é responsável por ratificar tratados internacionais e pelo julgamento do *impeachment* de oficiais do governo.

(2) Congresso como um ente não parlamentarista

O Congresso não opera como um órgão parlamentarista. Não existe o requisito, nem mesmo a expectativa, de que o partido político do presidente detenha a maioria em qualquer uma das câmaras do Congresso (os Estados Unidos são um país essencialmente bipartidário). Ainda, é comum uma ou ambas as câmaras não serem controladas pelo partido do presidente.

(3) O procedimento legislativo

Os membros do Senado e da Casa dos Representantes podem propor atos legislativos em suas respectivas câmaras. As leis propostas são chamadas de projetos de lei (*bill*) e costumam ser apresentadas simultaneamente em ambas as câmaras. Mesmo dentro de uma única câmara, não é incomum que um projeto de lei tenha diversos propositores.

Cada câmara do Congresso é organizada em comitês definidos por temas, os quais estão divididos em subcomitês. Os comitês e os subcomitês têm grande importância para o trabalho do Congresso, pois promovem audiências, pesquisas e outras modalidades de investigação, além de produzirem relatórios sobre a atuação dos atores governamentais em suas atividades específicas. Também são ativos na formatação de propostas de atos legislativos e têm importante participação na modificação de atos legislativos que lhes são enviados para análise. Os comitês e subcomitês podem levar os atos legislativos para votação em plenário ou rejeitá-los com a recomendação de que não sejam colocados para votação em plenário no Senado ou na Casa dos Representantes.

Para se transformar em lei, o projeto deve passar pelo voto da maioria em ambas as câmaras do Congresso. A norma proposta é então enviada ao presidente para que a aprove. Caso o presidente assine o projeto de lei, este se converte em lei. Mas ele pode vetar o projeto de lei aprovado pelo Legislativo. O veto deve ser acompanhado de uma justificativa, apresentando os motivos por que recusou assinar o projeto de lei já aprovado. Nesse caso, o projeto somente será transformado em lei se o veto for superado por dois terços em ambas as câmaras do Congresso, o Senado e a Casa dos Representantes. O presidente também pode não assinar nem vetar o projeto já aprovado pelo Legislativo. Neste caso, o projeto somente se torna lei após dez dias, excluídos os domingos, a não ser que o Congresso adie antes o decurso do prazo de dez dias. Este caso é conhecido como "veto de bolso" (*pocket veto*).

(4) Limites do Poder Legislativo federal

O artigo I delineia as áreas nas quais o Congresso pode atuar. Fiel à concepção federalista, seus poderes são limitados. Eles estão enumerados no artigo I, seção 8 da Constituição. Em sua maioria, os poderes conferidos ao Congresso são aqueles que se esperam de um governo nacional, em especial aqueles indispensáveis à unidade nacional. Ainda, o Congresso está autorizado a "lançar e arrecadar taxas, direitos, impostos e tributos, além de pagar dívidas e prover a defesa comum e o bem-estar geral dos Estados Unidos", a "levantar empréstimos sobre o crédito dos Estados Unidos", a estabelecer normas uniformes sobre falência e naturalização; a cunhar moeda e estabelecer parâmetros de pesos e medidas; a desenvolver normas sobre marcas e patentes; a estabelecer e controlar o serviço postal; a governar o Distrito de Colúmbia (sede do governo federal) e a declarar guerra. Finalmente, ainda tem o poder de criar cortes federais abaixo da Suprema Corte do país.

Existem alguns aspectos do artigo I, seção 8, que criam dificuldades para a determinação de quais são, exatamente, as atividades próprias do Congresso e de quais não são. Notadamente, a terceira previsão do artigo I, seção 8, a qual permite ao Congresso regular o "comércio [...] entre os diversos estados", levou até as cortes um bom número de disputas. A interpretação dessa previsão, conhecida como "cláusula de comércio interestadual", tem se modificado bastante ao longo dos anos.

A cláusula de comércio interestadual concede ao Congresso um dos seus mais importantes poderes: um amplo poder de regular a economia e os negócios. A Suprema Corte tem interpretado o termo "comércio" não só como significando simples troca de bens e serviços, mas englobando outras modalidades de atividades comerciais. Isto inclui não somente transações ocorridas dentro dos limites dos estados, mas também qualquer atividade que "afete substancialmente" o comércio interestadual. Não obstante, a questão que tange à competência da "cláusula de comércio" permanece nebulosa e tem sido motivo de decisões altamente divergentes na Suprema Corte ao longo dos últimos anos*.

A cláusula de comércio também traz consigo a determinação, há tempos estabelecida pela jurisprudência, de que os estados não devem regular a matéria de comércio interestadual no caso de não haver consentimento do Congresso norte-americano. Por essa regra, conhecida como "cláusula de comércio inativa" ou "cláusula negativa de comércio", os estados não podem impor tarifas ou quaisquer práticas dis-

---

* A cláusula de comércio, segundo a jurisprudência da Suprema Corte, está ligada a um princípio constitucional que concede elevada margem de liberdade legislativa aos estados federados nos Estados Unidos. (N. do T.)

criminatórias que criem barreiras ao comércio de bens e serviços entre os estados. Dessa forma, essa cláusula buscou criar uma zona de livre comércio no interior dos Estados Unidos.

A outra previsão do artigo I, seção 8, a qual deu mais tranquilidade às cortes, é a cláusula final, que impede o Congresso de elaborar todas as leis "que sejam necessárias e próprias ao exercício dos poderes que precede a execução e todos os outros poderes conferidos por esta Constituição ao governo dos Estados Unidos e aos seus departamentos e funcionários". Conhecida como cláusula necessária e própria ou elástica, devido à sua habilidade de extensão, essa cláusula permite ao Congresso regular, de forma genérica, suas áreas de competência delegada.

Sob a cláusula do comércio interestadual e a cláusula necessária e própria, o Congresso tem reivindicado amplos, porém limitados, poderes que não são autorizados de forma explícita na Constituição.

Finalmente, o poder do Congresso de promover segurança e bem-estar social para os Estados Unidos tem sido extensivamente interpretado como o seu poder de regular áreas que não poderia regular diretamente.

(5) A doutrina da não delegação

O artigo I, seção 1, começa com a seguinte determinação: "todos os poderes legislativos conferidos por esta Constituição serão confiados a um Congresso dos Estados Unidos". Esta determinação tem sido interpretada no sentido de que o Congresso não deve delegar o seu poder legislativo, princípio este que passou a ser conhecido como doutrina da não delegação.

O Congresso, entretanto, tende a direcionar de modo amplo a criação de atos legislativos, por meio de instruções dadas às agências administrativas para que elaborem regras e regulamentos que adicionem novos contornos aos já estabelecidos pelo Congresso por intermédio de atos legislativos.

Aparentemente, em reconhecimento às limitações institucionais do Congresso, a Suprema Corte tem lhe dado certa margem, no âmbito dessa previsão, para manter delegações enquanto a legislação estabelece um "princípio inteligível" ao qual as agências governamentais devem se adaptar. Tal princípio foi encontrado em normas positivadas, pelas quais o Congresso determinou que a execução deveria ser consistente com normas tão vagas e abrangentes quanto "necessárias para evitar perigo iminente para a segurança pública", promover a prevenção de normas "complicadas, indevidas ou desnecessárias", a prevenção de resultados "injustos ou iníquos", "em geral justos e equitativos", aqueles que dizem respeito aos pressupostos da norma e aqueles que dizem respeito ao "interesse público".

b. Artigo II: o Executivo federal

O artigo II da Constituição trata do Executivo federal. Na seção 1, determina que o Poder Executivo será "investido no presidente dos Estados Unidos". O presidente é escolhido a cada quatro anos e não pode ser eleito por mais de dois mandatos. A Constituição também estabelece as qualificações mínimas para ser presidente: a pessoa deve ser nascida nos Estados Unidos, ter no mínimo 35 anos de idade e residir no país há no mínimo catorze anos.

Uma vez eleito, o presidente escolhe os membros do seu gabinete. Cada membro deve ser confirmado por maioria de votos no Senado. Os membros do gabinete são os conselheiros mais próximos do presidente. Entre eles estão os chefes dos departamentos do Executivo – os secretários da Agricultura, Comércio, Segurança Nacional, Habitação e Desenvolvimento Urbano, Interior, Trabalho, Estado, Transportes, Tesouro, Assuntos de Veteranos e o procurador-geral. Na administração George W. Bush, o *status* de gabinete do Poder Executivo também foi concedido à Agência de Proteção Ambiental, ao diretor do Órgão de Administração e Orçamento, ao diretor de Política Nacional de Controle de Drogas e ao representante dos Estados Unidos para o Comércio.

Conjuntamente com os departamentos e agências que formam o gabinete do presidente da República, existe grande número das chamadas agências independentes, as quais são dirigidas por comissões e conselhos bipartidários.

O presidente, seu gabinete, os membros dos departamentos que formam o Poder Executivo e as agências independentes são os responsáveis por executar um vasto número de leis aprovadas pelo Congresso. Assim, o Poder Executivo consiste em uma vasta teia de agências que possuem substancial discricionariedade para efetivar leis federais, as quais são encarregadas da administração propriamente dita. Entretanto, deve ser ressaltado que as decisões finais desses atores federais em geral estão sujeitas à revisão das cortes federais.

Também ligadas à ramificação do Poder Executivo, existem algumas cortes de caráter especializado, e os seus recursos podem ser levados às tradicionais cortes federais do artigo III (ver Capítulo III). Essas cortes são: Corte Tributária, Tribunal Militar de Recursos e Corte Recursal de Veteranos. Os juízes destas cortes não estão investidos das prerrogativas de juízes do artigo III discutidas a seguir.

c. Artigo III: o Judiciário federal

O artigo III da Constituição estabelece o Judiciário federal. Na seção 1, determina que deve haver "uma Suprema Corte" e outras "cortes inferiores que o Congresso deverá, de tempo em tempo, ordenar e estabelecer". Seguindo esta competência, o Congresso concebeu um sistema de cortes federais "inferiores" ou baixas. O sistema de cortes federais será discutido de forma mais detalhada no Capítulo III deste livro.

Os juízes das cortes federais são nomeados pelo presidente e confirmados pelo "aconselhamento e consentimento do Senado", conforme determinado pelo artigo III, seção 2 da Constituição. Em boa parte da história dos Estados Unidos, o Senado exerce o poder de "aconselhamento e consentimento", utilizando parâmetros generosos e liberais. Mas o seu papel tornou-se pesadamente politizado nos últimos anos. O poder de "aconselhar e consentir" tem sido utilizado para impedir ou abrigar apontamentos presidenciais ao Poder Judiciário federal, devido à base de nomeação política deste.

É interessante notar que o artigo III não estipula nenhuma qualificação para que uma pessoa possa tornar-se juiz federal, em claro contraste com os artigos I e II, que estabelecem uma qualificação básica para os membros do Congresso e para o presidente. Os juízes das cortes federais em geral são advogados, mas este não é um requisito essencial. Muitos juízes proeminentes nunca foram advogados.

Em coerência com os princípios do federalismo, os poderes das cortes federais são limitados[4].

O artigo II da Constituição oferece certa segurança institucional de independência judicial. Especificamente, o artigo III, seção 1, dispõe que os juízes das cortes devem manter "bom comportamento" e que os seus vencimentos não devem ser reduzidos durante o tempo em que permanecerem no cargo. A disposição de "bom comportamento" tem sido interpretada no sentido de que os juízes federais desfrutam de vitaliciedade.

Há outro importante aspecto no qual as cortes federais têm se mantido independentes: no seu poder de revisão judicial. Na decisão balizadora do caso *Marbury vs. Madison* (1803), a Suprema Corte estabeleceu firmemente a competência revisional das cortes federais sobre os atos do Legislativo e do Executivo e para declarar sua incompatibilidade com a Constituição. Esse poder de revisão judicial mantém-se como um poderoso freio para os outros poderes do governo federal. Tem sido até mesmo utilizado para declarar a inconstitucionalidade de atos do presidente dos Estados Unidos.

---

4. Ver Capítulo III.

2. Freios e contrapesos (*checks and balances*)

A separação dos poderes anteriormente delineada anda de mãos dadas com o sistema de freios e contrapesos pelo qual cada poder (cada ramificação do governo federal) deve trabalhar com os outros poderes na realização das suas funções. Esse sistema permite a cada poder garantir que os outros poderes do governo federal atuem conforme os limites previstos constitucionalmente e que nenhum poder isolado acumule poder em demasia.

A Constituição dos Estados Unidos estabelece um número de freios e contrapesos exercidos por cada poder sobre os outros poderes. Alguns exemplos são apresentados no quadro que se segue.

Exemplos de freios e contrapesos no sistema federal

	Poder Legislativo	Poder Executivo	Poder Judiciário
Freios e contrapesos sobre o Poder Legislativo		• Atos legislativos recomendados • Poder de veto sobre os atos legislativos • Controle de políticas de agências	• Interpretar atos do Congresso • Declarar a inconstitucionalidade de atos do Congresso
Freios e contrapesos sobre o Poder Executivo	• Sobrepor o veto presidencial • Fazer o controle orçamentário • Fiscalizar as agências administrativas • Confirmar as indicações presidenciais (Senado) • Ratificar os tratados internacionais (Senado)		• Declarar a inconstitucionalidade de atos do Executivo • Declarar a inconsistência de atos do Executivo de acordo com a competência legal

	Poder Legislativo	Poder Executivo	Poder Judiciário
	• Determinar o *impeachment* do presidente e seus oficiais (Casa dos Representantes) • Julgar oficiais afastados do cargo (Senado)		
Freios e contrapesos sobre o Poder Judiciário	• Aprovar nomeações para o Judiciário (Senado) • Afastar juízes federais (Casa dos Representantes) • Julgar juízes federais afastados (Senado) • Controlar os salários e o orçamento do Judiciário • Controlar a estrutura das cortes dos Estados Unidos e sua jurisdição • Promover a modificação da legislação após interpretação judicial	• Nomear juízes para as cortes federais	

B. FEDERALISMO: AS RELAÇÕES ENTRE ESTADOS E GOVERNO FEDERAL

Um dos principais temas da Constituição dos Estados Unidos é o federalismo, entendido como uma divisão de poderes entre diferentes soberanias. No caso dos Estados Unidos, entre o governo nacional/federal e os governos dos estados.

Como discutido anteriormente, o governo federal possui poderes muito fortes, porém limitados. Esses poderes costumam ser chamados de poderes taxativos, uma vez que a autoridade do governo nacional restringe-se àqueles aspectos taxativamente enumerados ou previamente listados na Constituição. Como discutido na parte A, o governo federal tem competência para regular uma ampla gama de atividades, entre as quais se incluem: relações internacionais, comércio interestadual, propriedade intelectual, questões relacionadas à concorrência, energia e meio ambiente, bancos e finanças, segurança de produtos, entre muitas outras.

O restante dos poderes governamentais está alocado nos estados. Cada estado da federação possui a sua própria Constituição e os seus respectivos poderes Legislativo, Executivo e Judiciário, que são independentes. Realmente, existem várias áreas do mundo jurídico que são exclusiva ou primariamente reguladas em nível estadual, incluindo direito de família, responsabilidade civil, obrigações, direito societário, direito imobiliário, sucessões e direito penal.

Existem ainda inúmeras áreas nas quais os governos federal e estadual possuem competência regulatória concorrente. De acordo com a cláusula de supremacia que consta no artigo IV da Constituição, uma lei federal válida, seja constitucional, infraconstitucional, meramente regulatória ou judicial, sobrepõe-se a qualquer lei estadual que com ela seja incompatível. Porém determinar quando uma lei estadual é inconsistente com uma lei federal, com o fim de aplicar a cláusula de supremacia, pode ser uma questão bastante difícil.

Mesmo que uma norma estadual não conflite com uma norma federal, a aplicação da norma estadual deve ser preterida caso o Congresso entenda que a lei federal deva ser aplicada. Esta aplicação precisa estar prevista de forma expressa na lei ou inferida da extensão da regulação federal, da necessidade de uniformidade, ou devido ao perigo de conflito entre regras federais e estaduais concorrentes.

Não está definido de modo claro onde fica a linha que separa o que compete ao governo federal regular e o que cabe exclusivamente aos estados. Por causa disto, batalhas políticas contenciosas e disputas judiciais sobre essa questão ocorrem até hoje.

IV. EMENDAS: DIREITOS E LIBERDADES INDIVIDUAIS E MUDANÇAS ESTRUTURAIS

O processo de emendas à Constituição dos Estados Unidos, definido no seu artigo V, é extremamente rígido e foi efetivado poucas vezes em mais de duzentos anos de história da lei maior do país.

Foram realizadas vinte e sete emendas à Constituição, de dois tipos básicos: as que buscam refinar as estruturas governamentais e suas relações e as que tutelam direitos ou liberdades individuais. Estas últimas em geral são consideradas aquelas que têm papel central no desenvolvimento da cultura legal dos Estados Unidos. Quando as emendas modificam aspectos do corpo da Constituição, o texto dos artigos constitucionais não é alterado. Todas as emendas aparecem após o corpo da Constituição, e os artigos devem ser lidos em conjunto com as emendas pertinentes a eles.

Quando da leitura das emendas, como é o caso da leitura do corpo da própria Constituição, é importante ter em mente que o significado delas mudou com o tempo, na medida em que a Suprema Corte foi interpretando e aplicando seus dispositivos a casos concretos.

* * *

As primeiras dez emendas à Constituição, conhecidas como *Bill of Rights*, foram adotadas em 1791. O *Bill of Rights* garante direitos fundamentais às pessoas e protege-as contra atos impróprios, incluindo os do governo federal, o que também reforça a natureza limitada deste em relação aos estados. A Suprema Corte, em casos específicos, decididos ao longo dos anos, estendeu quase todas as garantias contidas no *Bill of Rights* aos estados. Deste modo, podem ser aplicáveis pelos estados, aos estados e pelos governos locais. Esta extensão está baseada na teoria de que as garantias contidas no *Bill of Rights* foram incorporadas pela cláusula do devido processo (*due process*) da décima quarta emenda, a qual, na sua essência, é aplicável aos estados.

Emenda I – Prevê a liberdade religiosa, de expressão, de imprensa e de associação. Também prevê a separação do Estado em relação à Igreja e, ainda, proíbe o estabelecimento de uma religião ou igreja nacional.

Emenda II – Tem recebido variadas interpretações. Alguns entendem que a segunda emenda garante o direito de cada estado de manter a própria milícia; outros acreditam que concede aos cidadãos privados o direito de possuir e carregar armas de fogo*.

Emenda III – Determina que os soldados não devem insistir em serem alojados em nenhuma residência, em tempos de paz, sem o consentimento dos proprietários. Essa emenda ganhou força principalmente a partir de reclamações contra o governo britânico, o qual forçou cidadãos a acomodarem soldados em suas casas durante o período colonial.

Emenda IV – Tem sido interpretada no sentido de exigir, na maior parte das instâncias, que o governo obtenha um mandado de busca emitido por um juiz ou outro oficial neutro antes de a polícia poder realizar buscas a pessoas ou suas propriedades, apreender mercadorias ou prender alguém. Para conseguir a emissão de tal mandado, o juiz deve ser convencido de que existem evidências confiáveis do cometimento de um crime ou de que ele está em andamento. Sob a chamada "regra de exclusão" (*exclusionary rule*), adotada pela Suprema Corte, evidências obtidas em violação à quarta emenda não devem ser admitidas nos julgamentos.

Emenda V – Contém grande número de garantias importantes:

- Acusação pelo grande júri – Qualquer acusado de ter cometido um crime federal punível com a morte ou a prisão deve primeiramente ser acusado pelo grande

---

* Essa questão já foi decidida, em caráter definitivo, pela Suprema Corte dos Estados Unidos, ainda no ano de 2008, quando então a Corte – por maioria – decidiu que o cidadão comum tem o direito fundamental de portar armas de fogo, a partir da interpretação dada a essa emenda à Constituição. (N. do R. T.)

júri. Este é um tipo especial de júri, selecionado para decidir se existem indícios suficientes contra a pessoa para que possa ser mantida a acusação contra ela. Esse dispositivo não foi estendido aos estados, embora muitos requeiram acusação pelo grande júri para crimes estaduais.
- Proibição de dupla penalização – As pessoas não podem ser julgadas duas vezes pelo cometimento do mesmo crime pela mesma entidade governamental. Entretanto, poderá haver novo julgamento se o júri não concordar com o veredito (o resultado é chamado de *hung jury* – júri pendente), caso seja declarada a invalidade do julgamento ou, ainda, se houver um pedido para novo julgamento após o sucesso de uma apelação apresentada pelo réu.
- Impedimento à autoincriminação – Uma pessoa não pode ser forçada a testemunhar contra ela mesma ou se autoincriminar relativamente a uma atividade criminosa.
- Devido processo – Ninguém pode ser privado da sua vida, liberdade ou propriedade sem que haja o "devido processo legal" (*due process*). Esta expressão aparece na quarta emenda, a qual é diretamente aplicada aos estados. Esse dispositivo tem sido aplicado a vários tipos de atividades e subdivide-se em duas categorias: devido processo processual e devido processo substantivo. O devido processo será discutido de forma mais aprofundada no final deste capítulo*.

---

* Essa mesma garantia, anos mais tarde, também foi incorporada à Constituição por meio da décima quarta emenda (1868), em decorrência direta de um célebre caso decidido pela Suprema Corte, a qual, ainda em 1857 (*Dred Scott vs. Sandford*), decidiu que os estados da Federação tinham o poder de manter a escravidão dos negros, decisão esta que, para muitos historiadores, acabou levando à Guerra Civil norte-americana (Guerra de Secessão) entre os estados do Sul (que buscavam manter sua autonomia) e os do Norte (que almejavam proscrever a escravidão e suas consequências). A décima quarta emenda reprisa, em linhas gerais, uma garantia que já existia em relação ao estado federal e central (União), só que agora em relação aos estados da Federação. (N. do R. T.)

- Apropriação governamental de propriedade – O governo não pode apropriar-se de propriedades privadas, a menos que tal apropriação seja: a) para interesse público; b) compensada. O direito do governo de apropriar-se de propriedade privada para uso público é conhecido como "domínio eminente". Ao requisito de "interesse público" foi dada uma extensa definição pela Suprema Corte. A compensação é em geral calculada a partir do justo valor de mercado da propriedade.

Emenda VI – Também contém diversas garantias para pessoas acusadas de crimes:

- Celeridade e julgamento público pelo júri – A qualquer pessoa acusada de um crime deverá ser proporcionado um julgamento imediato e aberto ao público. Deve ser-lhe dada a chance de ter o seu caso julgado por um júri imparcial, composto por cidadãos, a partir de uma escolha cruzada na comunidade local[5].
- Declaração das acusações – Uma pessoa acusada de um crime deve ser notificada das acusações existentes contra ela.
- Confrontação de testemunhas – Uma pessoa acusada de um crime deve ter a oportunidade de confrontar as testemunhas que testemunhem contra ela. Isso inclui o direito de o governo obrigar a presença de uma testemunha que o réu possa chamar a testemunhar em um julgamento.
- Representação legal – Uma pessoa acusada de um crime tem direito a um advogado de defesa em um julgamento. Caso a pessoa não possa contratar um advogado, o governo deverá providenciar um sem nenhum custo para ela.

Emenda VII – Concede direito a júri em julgamentos de ações civis quando a quantia em disputa supera vinte dóla-

---

5. Ver Capítulo VI, *infra*.

res. Essa emenda não se aplica aos estados. Mas a maioria deles concede o direito de julgamento por júri na maior parte dos casos cíveis.

Emenda VIII – Determina que fianças, multas e punições devem ser justas e humanas, e não cruéis ou incomuns. O termo fiança refere-se à quantia em dinheiro de que o réu deverá dispor, em um caso de matéria criminal, para obter a soltura se houver julgamento pendente. Essa quantia deve ser suficiente para assegurar o retorno do réu à Corte, para que enfrente as acusações pendentes em relação a ele. Embora seja tema bastante controverso nos Estados Unidos, a pena de morte poderá ser imposta se certos parâmetros e salvaguardas processuais forem observados. Muitos estados ainda mantêm a pena de morte. Recentemente, a Suprema Corte determinou que ela não deve ser aplicada a pessoas com deficiências mentais ou àquelas que, quando cometeram o crime, tinham menos de 18 anos de idade.

Emenda IX – Foi delineada para tornar claro que a definição expressa de direitos específicos no *Bill of Rights* não significa que direitos que não constem nele não estejam protegidos.

Emenda X – Foi adotada para afirmar a soberania dos estados. Assim como prevê que direitos não concedidos especificamente ao governo nacional são observados aos estados e/ou ao povo. Este é um esclarecimento sobre a natureza limitada do governo federal como estabelecido pelos artigos I, II e III da Constituição*.

* * *

Emenda XI (1798) – Estipula que o cidadão de qualquer estado não pode processar nenhum outro estado em uma

---

* A doutrina norte-americana considera, de maneira geral, que as dez primeiras emendas à Constituição consistem no chamado *Bill of Rights*, tido como um mecanismo pelo qual o texto constitucional foi aprovado, permitindo a confluência entre federalistas e antifederalistas. Estes últimos somente aceitariam um governo federal (central) forte caso contassem com as garantias previstas no *Bill of Rights*, que tinha endereço certo: proteger a autonomia dos estados da Federação diante de um governo central demasiado forte. (N. do R. T.)

corte federal. A Suprema Corte determinou que a imunidade soberana dos estados é muito mais ampla do que a imunidade limitada oferecida pela décima primeira emenda.

Emenda XII (1804) – Determina que membros de um colégio eleitoral (eleitores) escolham somente com um voto uma pessoa para ser presidente e outra para ser vice-presidente. Essa emenda evita o problema que existia nas regras eleitorais originais, pelas quais o presidente e o vice-presidente poderiam ser de partidos diferentes.

* * *

A décima terceira, décima quarta e décima quinta emendas à Constituição são conhecidas como as "emendas da reconstrução", pelo fato de terem sido editadas após e em resposta à Guerra Civil, quando o processo de reconstrução da nação já estava em andamento.

Emenda XIII (1865) – Completou o processo de abolição da escravatura nos Estados Unidos. Esse é o único dispositivo da Constituição que implicou ações privadas; todos os outros requerem ou limitam a ação governamental.

Emenda XIV (1868) – É uma das emendas constitucionais mais significativas na era pós-*Bill of Rights*. Tornou cidadãos os ex-escravos e os negros dos Estados Unidos e dos estados nos quais residiam. Tal dispositivo também protegeu essas pessoas contra a discriminação imposta pelos estados. Essa emenda determina que os estados da Federação não podem "negar a ninguém, em sua jurisdição, igual proteção da lei". Conhecida como cláusula da proteção isonômica, foi substancialmente estendida para ser aplicada ao governo federal, a partir de um processo de "incorporação reversa", dentro da cláusula de devido processo da quinta emenda. Os princípios da proteção isonômica serão discutidos no final deste capítulo.

A décima quarta emenda contém a garantia ao devido processo legal (*due process*), expressão espelhada na décima quinta emenda, e será discutida de forma mais detalhada adiante.

A previsão de que "o Congresso terá o poder de garantir, pela legislação adequada, a execução do previsto neste artigo" é a base para grande parte das leis sobre direitos civis existentes nos Estados Unidos.

Emenda XV (1870) – Garantiu aos ex-escravos e outros cidadãos negros o direito ao voto. Concede ao Congresso o poder de aplicar os direitos de voto por meio de legislação apropriada. Esforços de alguns estados do Sul para impedir seus cidadãos negros de votar levaram à transferência da legislação sobre os direitos do voto para o âmbito federal.

* * *

Emenda XVI (1913) – Permite ao Congresso cobrar tributos sobre renda diretamente dos indivíduos, sem rateio entre os estados.

Emenda XVII (1913) – Modificou o sistema de votação para senadores, que passaram a ser escolhidos por votação direta pelos cidadãos de cada estado. Antes dessa emenda, os senadores eram eleitos pelos legisladores de cada estado.

Emenda XVIII (1919) – Proíbe a produção, a venda e o transporte de bebidas alcoólicas nos Estados Unidos. Foi revogada pela vigésima primeira emenda.

Emenda XIX (1920) – Proíbe os estados de negar o direito de voto às mulheres.

Emenda XX (1933) – Alterou a data de posse para presidentes e membros do Congresso recém-eleitos. Tal medida teve como objetivo possibilitar-lhes tomar posse em data mais próxima daquela em que foram eleitos. Essa emenda foi feita para diminuir o tempo em que os oficiais que não haviam sido reeleitos para outro mandato permaneciam no cargo.

Emenda XXI (1933) – Revogou a décima oitava emenda.

Emenda XXII (1951) – Determina que ninguém poderá ser eleito presidente mais de duas vezes. Foi proposta e ratificada em resposta ao presidente Franklin Delano Roosevelt, que permaneceu no cargo por quatro mandatos.

Emenda XXIII (1961) – Permite aos cidadãos do Distrito de Colúmbia (DC) votar nas eleições presidenciais.

Emenda XXIV (1964) – Proíbe qualquer estado de impor tributos a pessoas físicas como condição para o exercício do direito ao voto. Tal medida se deve ao fato de alguns estados terem utilizado tributos como mecanismo para impedir pessoas pobres de votarem.

Emenda XXV (1967) – Define as possibilidades de sucessão no caso de morte ou impossibilidade de exercício do cargo de presidente. No caso de morte, o vice-presidente torna-se presidente; no caso de impossibilidade de exercício do cargo pelo presidente, assume as funções dele. Quando o cargo de vice-presidente fica vago, o presidente deverá escolher um novo vice, cujo nome deve ser confirmado por maioria em ambas as câmaras do Congresso.

Emenda XXVI (1971) – Proíbe os estados de negarem o direito ao voto devido à idade. Tal proibição somente ocorre nos casos em que o cidadão tem 18 anos ou mais.

Emenda XXVII (1992) – Proíbe os congressistas de votarem para aumentar o próprio salário. Qualquer lei para aumento de salários dos congressistas não terá efeito antes das próximas eleições congressuais. Essa emenda foi aprovada pelo Congresso em 1789 e ficou sem ser ratificada pelo número mínimo requerido de estados por mais de duzentos anos.

* * *

Os conceitos de devido processo e proteção isonômica, abordados pela quinta emenda e pela décima quarta emenda à Constituição, como descrito anteriormente, são de grande importância para o direito nos Estados Unidos e serão discutidos em separado nesta parte.

Devido processo (*due process*)

O devido processo é garantido pela quinta emenda e pela décima quarta emenda à Constituição. Existem duas formas de devido processo: substantivo e processual.

O **devido processo substantivo** considera a constitucionalidade da substância de uma regra em particular, avaliando a sua compatibilidade ou outra ação governamental com o direito constitucional. As questões de devido processo substantivo em geral são engendradas apenas quando se está lidando com ações governamentais que afetem direitos e liberdades fundamentais, como os direitos previstos na primeira emenda, o direito de realizar viagens interestaduais, o direito ao voto, ao casamento e a constituir família, à privacidade. As cortes irão insistir que os governos comprovem que as restrições a tais direitos são necessárias para promover um interesse público imperativo ou prevalente. Por outro lado, leis que afetem interesses econômicos e sociais serão acolhidas enquanto a legislação suportar uma relação racional para um objetivo legítimo do governo*.

Estrutura do devido processo substantivo para análise

Direito em questão	Teste aplicado – Demonstração do interesse necessário do governo para limitar/negar direito
Direito fundamental	Escrutínio estrito • Necessário • Finalidade governamental imperativa • Ônus do governo
Direito não fundamental	Escrutínio racional • Relação racional • Objetivo governamental legítimo • Ônus do desafiador

O **devido processo processual** requer que as medidas de salvaguarda processuais acompanhem qualquer ação

---

* Essa distinção é de fundamental importância para o direito norte-americano. Matéria econômica, como regra geral, é tratada exclusivamente pelos membros eleitos pela comunidade. A revisão judicial, quando ocorre, baseia-se em um critério pouco rigoroso (*rational basis*), bastando que o poder público mostre à corte que existe um interesse público alegado na edição do ato ou da lei. Já os direitos individuais fundamentais são tratados pelos membros eleitos da comunidade, mas, como regra, sofrem uma revisão judicial muito criteriosa (*judicial review, strict scrutiny*). (N. do R. T.)

governamental dirigida no sentido de privar a vida, a liberdade ou os interesses de propriedade. A questão inicial de uma investigação de devido processo processual é verificar se a vida, a liberdade ou os interesses de propriedade estão envolvidos e realmente existem. As cortes têm interpretado os interesses de liberdade no sentido de incluir a liberdade de não sofrer restrições físicas, a de livre engajamento e ação, bem como a de escolha, considerando questões de cunho pessoal. Os direitos de propriedade incluem todas as formas de propriedade real e pessoal, assim como direitos conferidos pelo governo. A importância da cláusula do devido processo procedimental (*procedure due process*) talvez esteja mais bem sumarizada pela justiça frankfurtiana, que certa vez afirmou que "a história da liberdade tem sido, de forma ampla, a história das garantias processuais".

A natureza das proteções processuais a serem concedidas depende do equilíbrio de três fatores: a importância da vida individual, da liberdade ou dos interesses de propriedade envolvidos; a adequação das proteções processuais existentes e o provável valor de salvaguardas adicionais; e, finalmente, o interesse do governo, incluindo os interesses de eficiência fiscal e administrativa.

Proteção isonômica (equal protection)

A doutrina de proteção isonômica concede tratamento similar a pessoas similares. Voltada especificamente para os estados, na décima quarta emenda, essa doutrina também limita o poder do governo federal, por meio do processo de incorporação reversa dos princípios de proteção isonômica nas previsões de devido processo da quinta emenda. Uma investigação de proteção isonômica tem início sempre que ações governamentais envolvem a classificação de pessoas, como normalmente é feito. O fato de uma classificação governamental particular violar o comando de proteção isonômica depende da natureza do direito envolvido ou do fundamento para a classificação realizada.

Quando está envolvido um direito fundamental ou uma classificação suspeita – raça ou origem nacional –, as cortes aplicam o escrutínio estrito (*strict scrutiny*). Sob tal exame, o governo deverá demonstrar que a classificação é necessária para promover um interesse governamental imperativo. Quando um governo estabelece um limite com base em gênero, idade ou legitimidade, o escrutínio intermediário é aplicado e a classificação deve ter relação substancial com uma finalidade governamental importante. Para outras matérias – regulação econômica, por exemplo –, tudo o que se exige é que a classificação comporte uma relação racional (*rational basis*) com um interesse governamental legítimo que a classificação pretende promover.

Estrutura da proteção isonômica para análise

Classificação	*Teste aplicado – Demonstração dos interesses governamentais necessários para fazer distinção entre pessoas*
Direitos fundamentais	**Escrutínio estrito** • Necessário • Finalidade governamental imperativa • Ônus do governo
Classe suspeita • **Raça** • **Origem nacional**	**Escrutínio estrito** • Necessário • Finalidade governamental imperativa • Ônus do governo
Classe quase suspeita • **Idade** • **Gênero** • **Legitimidade**	**Escrutínio intermediário** • Relação substancial • Finalidade governamental importante • Ônus normalmente do governo
Classe não suspeita/quase suspeita **Direitos não fundamentais**	**Escrutínio de base racional** • Relação racional • Finalidade governamental legítima • Ônus do desafiador

Capítulo III
Sistemas judiciais dos Estados Unidos

I. INTRODUÇÃO E PANORAMA GERAL

Não é possível falar sobre um único sistema judicial nos Estados Unidos. O sistema judicial do país inclui o sistema de cortes federais e sistemas independentes em cada estado. As cortes federais e as cortes estaduais constituem sistemas paralelos e soberanos. Com algumas exceções, os casos são submetidos alternativamente ao sistema de cortes federais ou ao de cortes estaduais. Normalmente, um caso não migra de um sistema judicial a outro.

O foco da presente discussão estará centrado no sistema judicial federal. A estrutura da maioria dos sistemas de cortes estaduais é muito similar à do federal, mas algumas diferenças importantes serão debatidas ao final deste capítulo.

Pelo artigo III, seção 3, as cortes federais são legitimadas a conhecer somente casos ou controvérsias, o que significa que não estão autorizadas a emitir opiniões quando consultadas. Somente podem interpretar a lei em causas e disputas contenciosas levadas a elas por partes com interesses reais na solução da controvérsia. As cortes não podem manifestar-se sobre causas hipotéticas ou resolver questões por iniciativa própria, sem serem provocadas. Sob a doutrina conhecida como a doutrina da "inércia", o querelante deve, para poder levar um caso à Corte federal, apresentar um prejuízo "concreto e particular", em vez de uma "ofensa genérica". E, ainda, o caso não pode ter se tornado vazio, em outras palavras, deve apresentar um problema em andamento para a Corte resolver. As cortes estaduais possuem limites similares.

O fato de as cortes nos Estados Unidos não emitirem opiniões quando consultadas está ligado à natureza contenciosa do sistema jurídico norte-americano, o qual será abordado de forma mais ampla no Capítulo VI. Em razão de as cortes estarem tradicionalmente vinculadas ao modelo adversarial e de as decisões servirem como precedentes normalmente vinculantes em casos subsequentes, as decisões judiciais devem ser tomadas apenas em situações nas quais pode ser confiado às partes o dever de trazer à Corte o mais alto compromisso da advocacia com os padrões éticos.

II. CORTES FEDERAIS

A. FUNDAMENTOS CONSTITUCIONAIS E ESTRUTURA

O artigo III, seção 1, da Constituição estabelece as ramificações do Poder Judiciário. Especificamente, prevê que "o Poder Judiciário será confiado a uma Suprema Corte e a tantas cortes inferiores quantas o Congresso venha ordenar e estabelecer de tempo em tempo".

Os legisladores constitucionais consideram um Judiciário independente essencial para o sistema jurídico dos Estados Unidos*. Nesse sentido, a Constituição inclui vários mecanismos institucionais para preservar a independência do Judiciário federal. Primeiro, prevê que juízes federais sirvam com "boa conduta", uma previsão que sempre foi interpretada no sentido de que juízes de cortes federais possuem vitaliciedade, estando sujeitos a *impeachment* e remoção do cargo somente por condenação por crimes graves e

---

* Durante os trabalhos de discussão e elaboração da Constituição dos Estados Unidos, a ideia de criação de cortes federais nos estados foi desde logo abandonada, transferindo-se esta função ao Congresso, pois boa parcela dos constituintes considerava que estas cortes ofenderiam a autonomia dos estados, onde já existiam as cortes estaduais. (N. do R. T.)

contravenções. A Constituição também prevê que os salários do Judiciário não podem ser reduzidos, afastando os juízes de cortes federais de pressões políticas.

Talvez mais crítica do que a independência do Judiciário seja a separação de poderes do governo federal que caracteriza a estrutura da Constituição. Esta separação garante que o Judiciário atue de modo independente. Um poder especial e importante decorrente da independência do Judiciário é o de revisão judicial (*judicial review*), pelo qual as cortes podem revisar atos dos outros poderes e dos governos estaduais para garantir a observância da Constituição e de outras leis federais.

A Constituição prevê que os juízes federais são escolhidos a partir da nomeação do presidente e confirmação do Senado. Não existe um caminho separado para a carreira de magistrado federal, e a maioria dos juízes não ingressa no Judiciário antes de ter alguns anos de prática legal no setor público ou privado (na maioria dos casos, esse ingresso só ocorre depois de muito anos de prática legal). Tal questão é especialmente peculiar devido ao fato de que a Constituição estabelece qualificações para os membros do Congresso e para o presidente. Talvez os constituintes tenham pensado que o envolvimento do Senado e do presidente na seleção dos juízes federais fosse uma salvaguarda suficiente para a escolha de indivíduos qualificados.

B. PANORAMA GERAL DA ESTRUTURA DA CORTE FEDERAL

O sistema de cortes federais nos Estados Unidos está baseado em uma organização hierárquica e geográfica de cortes. O sistema lembra uma pirâmide, em cuja base estão as cortes distritais, as quais são de primeira instância; logo acima estão os tribunais de apelação; na ponta do sistema encontra-se a corte mais alta da nação, a Suprema Corte.

As cortes federais possuem jurisdição geral. Isto significa que, com raras exceções, que serão discutidas posteriormente, elas não são especializadas. Nessa esteira, todas as cortes federais estão autorizadas a conhecer uma variedade de casos, que podem ser questões civis, criminais, constitucionais ou infraconstitucionais. Entretanto, ao mesmo tempo, elas possuem jurisdição limitada, o que quer dizer que somente têm autorização para conhecer algumas modalidades de casos[1].

O poder da Suprema Corte, em termos de lei federal, vincula todas as cortes no país. Abaixo do nível da Suprema Corte, as cortes federais estão divididas em circuitos, que em sua maioria estão organizados geograficamente. Em cada circuito tem-se o tribunal de apelação e todas as cortes distritais localizadas dentro dos limites dele. Esta divisão hierárquica e geográfica das cortes no sistema federal é essencial, pois as regras do *stare decisis* – segundo as quais outras cortes devem seguir regras estabelecidas em outros casos[2] – são largamente informadas pela sua distribuição geográfica e hierárquica. Veja o Apêndice II, mapa dos Estados Unidos apresentando o circuito e os limites distritais.

1. Cortes distritais dos Estados Unidos

As cortes distritais são as principais cortes de julgamento (*trial courts*) no sistema de cortes federais. A maioria dos casos federais começa no nível das cortes de julgamento. Com exceção das poucas cortes federais especializadas e de algumas apelações de ação final de organismos públicos (agências), que por regulamento são encaminhadas direto para os tribunais de apelação, as cortes distritais possuem jurisdição para conhecer praticamente qualquer tipo de casos federais.

O Congresso dividiu a nação em 94 distritos judiciais, e cada um possui uma corte distrital. Cada estado tem um ou mais distritos judiciais, dependendo do seu tamanho e da sua população. Há também um distrito judicial para o distrito de Colúmbia, um para Porto Rico e para outros territórios no exterior. O número de juízes em cada distrito varia, dependendo da população e da quantidade de demanda judicial.

---

1. A jurisdição material será discutida em detalhes mais adiante neste capítulo.
2. Ver Capítulo V, *infra*.

Cada distrito judicial federal inclui uma Corte de Falências que atua como uma unidade da corte distrital. A Corte de Falências tem jurisdição sobre quase todos os casos envolvendo questões de insolvência. Os juízes desta corte são indicados para mandatos de catorze anos. Ainda, cada Corte distrital possui determinado número de *magistrate judges*, os quais atuam em audiências com moções não dispositivas, conduzem julgamentos com o consentimento das partes, dirigem decisões recomendadas para serem revisadas por um juiz da corte distrital. Eles são selecionados pelos juízes desta corte a partir de uma lista apresentada por um comitê de seleção formado por advogados e não advogados e servem por mandatos de oito anos. Os juízes de Falência e *magistrate judges* não possuem o benefício da vitaliciedade, prerrogativa dos juízes (artigo III).

O sistema de cortes federais também inclui duas cortes especiais no plano de julgamentos: a Corte de Comércio Internacional, que trata de casos que envolvam questões relativas ao comércio internacional e aduana; e a Corte de Alegação Federal dos Estados Unidos (*U.S. Court of Federal Claims*), que tem jurisdição sobre disputas envolvendo contratos federais, apropriação de propriedade privada pelo governo federal e uma variedade de outras ações contra o governo do país. Ambas as cortes possuem jurisdição nacional sobre os assuntos dentro de suas jurisdições.

Os procedimentos das cortes de julgamento são conduzidos por um único juiz; normalmente, um júri de cidadãos atua como analista de fato. Um número muito pequeno de regras federais determina que os julgamentos sejam feitos por um grupo de três juízes, usualmente com revisão obrigatória pela Suprema Corte.

O produto final da decisão de uma Corte de Julgamento é um veredito, normalmente emitido pelo júri[3]. O veredito é reunido pela Corte aos dados do julgamento, mas sem expressar nenhuma opinião formal. Decisões desta corte sobre moções devem ser publicadas.

---

3. Ver Capítulo VI, *infra*.

2. Tribunal de Apelação dos Estados Unidos (*U.S. Court of Appeals*)

Os 94 distritos judiciais estão organizados em 12 circuitos regionais. Cada um possui um tribunal de apelação. Esse tribunal cuida somente das apelações provenientes dos distritos localizados dentro de cada circuito. As apelações também devem ser dirigidas diretamente ao tribunal de apelação nos casos de decisões emitidas por agências administrativas federais, quando previsto por lei. Isso acontece porque as agências administrativas já submeteram as decisões a procedimentos administrativos de averiguação, não havendo, portanto, motivos para a Corte distrital realizar a mesma função.

Existe também um tribunal de apelações especializado: o Tribunal de Apelação para o Circuito Federal. Esse tribunal possui jurisdição nacional para conhecer casos decididos pela Corte de Comércio Internacional e pela Corte de Alegação Federal (*Court of Federal Claims*).

Há direito de apelação (grau de recurso) em todos os casos federais nos quais uma corte distrital tenha emitido julgamento final. O tribunal de apelação federal via de regra envolve três juízes. As decisões primeiro são emitidas por meio de resumos, que são alegações escritas submetidas pelas partes arguindo que as cortes inferiores cometeram ou não um erro reversível (dependendo da posição da parte na apelação). O tribunal de apelação costumeiramente não revê fatos já apresentados nem acolhe a produção de novas evidências. Por este motivo, as apelações estão limitadas a questões meramente de direito.

A maioria das decisões dos tribunais de apelação é formalmente emitida por escrito. Muitas também são publicadas, embora cada vez mais alguns tribunais de apelação tendam a emitir decisões não publicadas. Estas decisões não podem ser citadas como precedente em casos futuros e possuem efeitos vinculantes somente *inter partes*.

Ainda está em discussão a conveniência de opiniões não publicadas*.

3. Suprema Corte dos Estados Unidos

A Suprema Corte é a corte mais alta do Poder Judiciário. Ela possui nove juízes: o juiz-chefe e oito juízes associados**. Está organizada *en banc* e todos os nove juízes participam de todos os casos que porventura sejam examinados por ela, a não ser que um deles se declare impedido visando, por exemplo, evitar um possível conflito de interesses. A jurisdição da Suprema Corte pode ser dividida em originária e recursal. Esta, por sua vez, pode ser dividida em jurisdição recursal obrigatória e discricionária, também conhecida como jurisdição a *certiorari*.

A área de jurisdição originária sobre casos entre estados ou envolvendo embaixadores e outros ministros públicos e cônsules é muito pequena. Esses casos são considerados de primeira instância pela Suprema Corte. A jurisdição recursal é muito mais ampla e inclui o poder, e em alguns casos a obrigação, de revisar casos.

Em um número muito pequeno de casos, o Congresso requer a jurisdição recursal obrigatória na Suprema Corte. Muitas destas apelações são trazidas diretamente de uma corte distrital.

A grande maioria dos casos chega até a Suprema Corte a partir da jurisdição recursal discricionária da corte sob a sua revisão a *certiorari*. Uma petição de um *writ* a *certiorari* é submetida pela parte prejudicada à decisão de uma corte inferior, para que ela seja revista. Caso quatro dos nove mem-

---

* A maior parte da doutrina nos Estados Unidos inclina-se em favor da tese de que a publicação faz parte do poder discricionário da corte. Depois de publicada, a decisão passa a constituir fonte de direito no sistema do *stare decisis*. (N. do R. T.)

** Os juízes da Suprema Corte são designados por *justices*, e não por *judges*. O *chief justice* representa, inclusive perante os demais poderes, a Suprema Corte e o Judiciário federal. Não há, ao contrário do que acontece no Brasil, rotatividade nesse cargo. No Brasil, a presidência da Suprema Corte é uma função em geral com rodízio a cada dois anos, respeitada a antiguidade. (N. do R. T.)

bros acatem o *writ*, ele será concedido e a questão será apreciada pela Suprema Corte. A corte aceita submeter à sua apreciação casos de grande interesse nacional, com o objetivo de uniformização nacional da questão. Ela recebe cerca de 8 mil pedidos de *writ* a *certiorari* por exercício (que inicia no começo de outubro e termina no final de junho ou no início de julho subsequente), mas apenas 100, aproximadamente, são concedidos. Quando a corte rejeita a concessão de um *writ*, não justifica a sua decisão. Ainda, a negativa de concessão de um *writ* a *certiorari* não pode ser considerada precedente de uma análise da questão legal do caso pela corte.

A corte decide os casos antes de se chegar à fase da apresentação dos argumentos resumidos por escrito, pelas partes e, na maioria das vezes, depois da sua apresentação oral. Os juízes, então, encontram-se em sessão privada para discutir o caso e dar o voto preliminar. Um dos juízes é escolhido como relator do processo, a fim de glosar a opinião em nome da maioria dos membros da Suprema Corte. O juiz-chefe assume a função de relatar o processo, caso ele integre a maioria; ele pode atribuir a relatoria a si mesmo ou a algum outro juiz da maioria. Caso ele não esteja entre a maioria, o relatório é feito pelo juiz associado sênior. Os outros juízes emitem opiniões divergentes e concorrentes.

As decisões da Suprema Corte sobre questões referentes às leis federais são irrecorríveis. Não podem, portanto, ser revertidas, exceto nestes casos: 1) a própria corte pode modificar a sua própria decisão em casos subsequentes; 2) a decisão da Corte está baseada na Constituição, a qual pode ser emendada para mudar de forma prospectiva os efeitos da decisão tomada; 3) a decisão da Corte está baseada em uma lei que o Congresso pode emendar a fim de alterar os efeitos futuros de decisões da corte. Não obstante, como será mostrado no Capítulo V, as decisões da corte comumente recebem diferentes interpretações das cortes inferiores.

C. ADMINISTRAÇÃO DO SISTEMA FEDERAL DE CORTES

Cada juiz federal possui certo número de escriturários, como previsto por lei. O cargo de escriturário é muito concorrido e normalmente é ocupado pelos melhores alunos das melhores universidades dos Estados Unidos. A grande maioria dos escriturários ocupa esse cargo por determinado período de tempo, em geral um ou dois anos, embora alguns juízes mantenham um ou mais escriturários permanentes, devido à estabilidade que isto proporciona.

As cortes federais são altamente descentralizadas, com uma organização administrativa de baixo para cima, e não de cima para baixo. Cada corte distrital e cada tribunal de apelação possui a sua própria estrutura administrativa. Cada corte tem um juiz-chefe, escolhido levando em conta o tempo de exercício na função, mas o cargo não pode ser ocupado por alguém com mais de 70 anos de idade. Além de presidir os casos, o juiz-chefe é responsável pelas questões administrativas da corte. Entretanto, ele não possui nenhuma influência sobre o resultado dos casos submetidos à corte. Tem direito somente a um voto, vota apenas nos casos para os quais é designado e não possui poder de veto sobre os votos dos demais juízes.

Cada corte distrital e cada tribunal de apelação possui um escriturário, que é o chefe administrativo. O departamento do escriturário, ou secretaria, é responsável pelo recebimento, distribuição e processamento dos casos; ele administra o orçamento da Corte, assim como o corpo de funcionários, além de ser responsável por passar informações ao público. A secretaria também administra o sistema de júri de julgamento da corte, providenciando e organizando intérpretes, repórteres e outros serviços de suporte à sala de audiências e julgamentos.

Cada circuito possui o conselho judicial, composto por um número igual de juízes do circuito e das cortes distritais. O juiz-chefe desse circuito de tribunais de apelação é o oficial presidente. Cada conselho é encarregado pelo Congresso da efetiva e célere administração da justiça dentro de cada circuito. Cada circuito possui um circuito executivo, responsável por todas as ações não judiciais. O executivo também atua em uma grande variedade de obrigações administrativas, conforme requisitado pelo juiz-chefe, e atua como secretário do conselho judicial.

O juiz-chefe dos Estados Unidos é o diretor do Judiciário federal*. Ele possui uma pequena equipe dirigida pelo assistente administrativo, o qual ele escolhe e que obedece aos seus comandos.

A Conferência Judicial dos Estados Unidos (*Judicial Conference of the United States*) é o corpo político das cortes federais. O juiz-chefe preside e administra a conferência, a qual se reúne duas vezes por ano. Ela opera largamente por meio de comitês compostos basicamente por juízes provenientes de todo o sistema federal. Alguns comitês incluem um pequeno grupo de oficiais do governo, advogados e professores de direito entre seus membros. A Conferência Judicial é encarregada de recomendar mudanças em regras federais de procedimento, elaborando guias sobre ética judicial, além de se comunicar com o Congresso a respeito de legislação proposta que afete as cortes federais.

O Escritório Administrativo dos Estados Unidos (*Administrative Office of the United States Courts*) é o braço administrativo das cortes federais. Ele se reporta à Conferência Judicial e cumpre as suas decisões políticas. Também é responsável por coletar e analisar as estatísticas da corte e outros dados, a fim de administrar o orçamento das cortes federais.

O Centro Judicial Federal (*Federal Judicial Center*) é a agência de pesquisa e educação para as cortes federais. Deve apoiar programas educacionais para juízes e outros funcionários das cortes.

III. ESCOLHENDO UMA CORTE: JURISDIÇÃO E QUESTÕES RELACIONADAS

Existem inúmeros assuntos que devem ser considerados ao se decidir a proposição de uma ação. Tal questão inclui: a) jurisdição por matéria (*subject matter jurisdiction);* b) foro;

---

* Presidente da Suprema Corte. Também tem a responsabilidade política de conduzir propostas de reajuste de vencimentos dos magistrados federais. (N. do R. T.)

c) jurisdição pessoal; d) e a problemática relacionada à escolha da lei.

A. JURISDIÇÃO POR MATÉRIA: CORTE FEDERAL OU ESTADUAL?

Como mencionado anteriormente, as cortes federais possuem jurisdição geral, mas ao mesmo tempo limitada, o que quer dizer que possuem autoridade para conhecer e decidir somente certos tipos de casos. A jurisdição subjetiva (material) diz respeito ao poder de conhecer um caso, dependendo da questão material, ou se o caso em análise deve ser proposto em uma corte estadual.

As cortes federais e estaduais normalmente possuem jurisdição concorrente sobre os casos, o que significa que eles podem ser propostos tanto em uma como na outra corte. As cortes estaduais possuem uma jurisdição muito mais ampla, em comparação com as federais. Qualquer caso pode ser levado à apreciação destas cortes, a não ser que exista uma lei federal específica que obrigue que o caso seja apreciado por uma corte federal.

As fontes mais importantes da jurisdição federal são: 1) *federal question jurisdiction**; 2) *diversity jurisdiction;* 3) e também, relacionada ao tema, a *removal and supplemental jurisdiction,* a qual também será abordada. Quando da falta de jurisdição por matéria da corte, esta não tem o poder para fazer outra coisa a não ser rejeitar o caso.

1. *Federal question jurisdiction*

As cortes federais possuem jurisdição sobre questões advindas de leis federais. Conhecida como *federal question jurisdiction* (questão de jurisdição federal), significa que os casos podem ser levados à jurisdição federal se envolverem a interpretação de direito de origem federal.

---

* Essa jurisdição pode ser mais bem compreendida como sendo a competência originária das cortes federais sobre casos que tenham como matéria a interpretação da Constituição, atos do Congresso ou tratados internacionais (artigo III da Constituição). (N. do T.)

2. Diversity jurisdiction

Sob a *diversity jurisdiction*, um caso pode ser levado a uma Corte federal caso: a) as partes sejam de diferentes estados, ou de um estado e de outro país; e b) o valor da ação seja igual ou superior a US$ 75.000 (setenta e cinco mil dólares), valor que pode ser ajustado pelo Congresso, como tem ocorrido. Por definição, ocorre diversidade com relação à lei estadual, e não à lei federal. A *diversity jurisdiction* é uma resposta à preocupação de que as cortes estaduais seriam tendenciosas com relação aos seus cidadãos em casos que envolvessem quantias significativas. Ainda, as cortes federais não terão jurisdição no caso de ausência completa de diversidade; em outras palavras, a diversidade será superada se houver ao menos um requerido que tenha a mesma cidadania de qualquer um dos peticionários.

Quanto às pessoas físicas, a cidadania para os propósitos de diversidade é determinada pelo domicílio, ou seja, a presença física da pessoa no estado, somada à intenção de residência por prazo indeterminado. Pessoas jurídicas serão consideradas cidadãs dos estados de incorporação e do estado onde está a centralidade dos negócios conduzidos por elas.

3. Considerações sobre a *removal and supplemental jurisdiction*

Sob a *removal jurisdiction*, se o peticionário levar a uma corte estadual uma ação que poderia ser proposta perante uma corte federal, o requerido poderá remover o caso para esta última. A única exceção é que o requerido não pode exercer essa modalidade de jurisdição quando a questão debatida está baseada em *diversity jurisdiction* e, ainda, o caso deve ter sido originariamente levado à corte do estado do próprio requerido.

No que diz respeito à *supplemental jurisdiction*, as cortes federais podem resolver questões relacionadas às leis estaduais que lhes tenham sido propostas se as questões debatidas estiverem relacionadas a uma lei federal a ser considerada no mesmo caso. A *supplemental jurisdiction* está baseada na eficiência para as partes e para o sistema jurídico, que possibilita conhecer causas relacionadas a normas federais e estaduais que sejam arguidas em um mesmo processo.

4. Efeito da falta de *subject matter jurisdiction*

Pelo fato de a *subject matter jurisdiction* dizer respeito à competência de uma corte de conhecer causas e decidi-las, a falta de *subject matter jurisdiction* não pode ser desconsiderada pelas partes ou ignorada pela corte. Se uma corte federal decidir que não possui *subject matter jurisdiction* sobre um caso, irá rejeitá-lo e o peticionário terá que realizar novo pedido a uma corte estadual. Objeções referentes à *subject matter jurisdiction* podem ser levantadas a qualquer momento no processo, inclusive nas fases recursais, e a própria Corte pode realizar *sua sponte* (de forma oficiosa).

B. JURISDIÇÃO PESSOAL (*PERSONAL JURISDICTION*)

Depois que a questão relativa à *subject matter jurisdiction* tiver sido resolvida e se tenha decidido se um caso deverá ser submetido à jurisdição estadual ou federal, a questão que emerge é qual jurisdição deverá conduzi-lo. Tal problemática envolve a questão preliminar sobre qual corte possui jurisdição pessoal sobre o requerido – se uma corte em particular tem autoridade para obrigar a presença de um requerido de fora do estado. (A questão da jurisdição pessoal sobre os peticionários não existe devido ao fato de que se presume que eles tenham aceitado a jurisdição que escolheram para propor a ação.)

A jurisdição pessoal não diz respeito à autoridade de uma corte de conhecer uma causa, mas sim de determinar que o réu se apresente a esse juízo. A jurisdição pode ser descartada pelo requerido. Na realidade, o requerido que não se opõe à jurisdição pessoal em sua primeira apresentação à corte ou a impugna perante esta será considerado desistente de qualquer oposição de jurisdição pessoal e o processo poderá continuar normalmente.

A questão relativa à jurisdição pessoal é uma avaliação em duas etapas. Primeiro, a corte precisa verificar o *long-arm statute* que fundamenta a jurisdição pessoal. Se concede esta jurisdição ao requerido, então ela deverá decidir se a imposição da presença dele fere as garantias de devido processo (*due process*).

1. Long-arm statute estadual

Cada estado possui um *long-arm statute*, que prevê situações em que uma pessoa que resida fora do estado pode ser levada a uma corte como ré naquela jurisdição. Se o réu não se enquadrar no *long-arm statute* de um estado, não poderá responder a uma ação naquele estado. Se a presença do requerido no estado for permitida pelo *long-arm statute*, a corte fará a averiguação de observância da cláusula do devido processo. Normalmente, o *long-arm statute* estadual permite que as cortes obriguem a presença de qualquer réu, desde que não viole questões de devido processo. Em tais situações, ela procederá diretamente à análise de questões de devido processo.

2. Devido processo (*due process*)

A Suprema Corte dos Estados Unidos elaborou um teste para saber se os princípios do devido processo legal estão sendo violados quando um réu de outro estado é levado a uma corte estadual com o objetivo de responder a uma ação judicial. Segundo esse teste, o requerido deve ter "um mínimo de contato com o foro estadual para que não sejam ofendidas as noções fundamentais de disputa justa e justiça". Esse teste pode ser consideravelmente simples algumas vezes e bastante complicado outras vezes.

C. FORO (*VENUE*)

Existem diversas cortes em que tanto a *subject matter jurisdiction* quanto a jurisdição pessoal são apropriadas. O peticionário deve escolher um dos locais em que a corte possui jurisdição pessoal e *subject matter jurisdiction* para dar entrada em uma ação judicial. Essa escolha geográfica é chamada questão de foro. Os princípios gerais por trás da questão do foro são conveniência e equidade para uma ou mais partes e eficiência para a corte.

O foro é, por vezes, previsto pela própria lei para modalidades específicas de causas. Por exemplo, o foro de causas envolvendo imóveis em geral é o local onde estes estão situados. Em outros casos, pode ser o próprio local onde surgiu a demanda, onde uma situação particular ocorreu, onde mora o requerido ou se localiza a sede dos seus negócios, onde residem os peticionários ou está a sede dos seus negócios, onde o requerido esteja iniciando uma ação ou onde esteja localizada a sede do governo.

Um requerido pode fazer um pedido para que uma causa seja desconsiderada (extinta) por falta de foro próprio. Entretanto, esta objeção será desconsiderada se ele não a realizar em sua primeira apresentação perante a corte. Ele também pode buscar alterar o foro para outro mais conveniente (*forum non convenience*), como para um local onde esteja a maioria das testemunhas, documentos etc. Diferentemente das oposições de *subject matter jurisdiction*, a problemática de foro não é de significado constitucional e não pode ser levantada pela corte *ex oficio*.

D. ESCOLHA DE LEI APLICÁVEL

Uma vez que uma corte tenha sido selecionada, ela deverá determinar qual lei aplicar. Esta escolha é complicada, pelo fato de que, como discutido anteriormente, questões de lei estadual podem ser adjudicadas em corte federal e vice-versa. Ainda, as cortes estaduais podem ser chamadas a decidir questões de lei federal ou de outro estado.

A escolha de lei aplicável envolve duas questões: a escolha da lei processual e da lei material. Essas regras são tema de diversos casos decididos pela Suprema Corte, começando por *Erie Railroad Co. vs. Tompkins* (1938), conhecida como regra de Erie.

1. Questões processuais

Uma corte aplicará a sua própria regra processual, independentemente do tipo de causa que esteja perante ela ou do fundamento de determinação jurisdicional. Ainda, as cortes federais aplicarão regras processuais federais, e as estaduais, regras processuais estaduais.

Regras processuais federais incluem as regras federais de processo civil, as regras federais de provas, as regras federais de processo penal, as regras federais de processo recursal, as regras da Suprema Corte e um sem-número de regras no nível dos circuitos e distritos*. Juízes também podem ter as próprias regras, que sejam aplicáveis a casos que lhes caibam resolver.

2. Questões materiais

Problemas de escolha de legislação aplicável a questões materiais tendem a ser um pouco mais complexos. A escolha da legislação material aplicável encontra-se no âmbito subjacente da ação envolvida. Se esta for estabelecida por lei federal, então a corte deverá observar e aplicar lei federal material ao resolver o caso. Ao fazer isso, ela considerará precedentes e regras do *stare decisi*s, como será abordado mais amplamente no Capítulo V. Se o caso surgir sob leis estaduais, então a corte deverá aplicar a lei material estadual. Mas qual lei estadual? Este pode ser um assunto controverso, e as partes em geral discutem qual deve ser a lei material aplicável. A corte normalmente irá aplicar a lei material do estado onde a ação tenha surgido ou do estado com os elementos de conexão mais significantes e/ou de maior inte-

---

* Essa diversidade de regras estaduais e federais acaba interferindo na própria escolha dos advogados para a causa. Em geral, os advogados que atuam no estado onde acontece a causa têm mais conhecimento sobre o direito e as práticas locais. É impossível que um advogado conheça amplamente todas as regras aplicadas nos diversos estados da Federação, e em geral os advogados não têm a preocupação em conhecer as regras estaduais aplicáveis fora do estado onde normalmente atuam. (N. do R. T.)

resse na ação. A decisão da legislação material aplicável pode ser bastante complexa.

Quando uma corte federal está baseada em *diversity* ou quando a corte estadual é chamada a aplicar a lei de outro estado, esta última deve se colocar no lugar da corte mais alta do estado para decidir como esta decidiria. Se a corte já tiver resolvido a questão, normalmente chega ao fim o questionamento e ela deve aplicar a decisão da corte mais alta. Pode haver algum espaço para manobras nos casos em que a decisão da corte mais alta seja antiga, não tenha sido revisitada recentemente e aparente ter inconsistência com outra decisão de outra corte superior em questões relacionadas ou análogas.

IV. ALGUMAS CONSIDERAÇÕES SOBRE OS SISTEMAS DE CORTES ESTADUAIS

A. SISTEMAS AUTÔNOMOS E INDEPENDENTES

Cada estado possui seu próprio sistema de cortes, que é autônomo e independente do sistema de cortes federais. Esses sistemas são criados e governados por leis estaduais e sujeitos, é claro, ao devido processo (*due process*) e outras restrições estabelecidas pela Constituição.

A corte estadual de última instância é a última autoridade na interpretação da lei do estado. Como abordado anteriormente, a interpretação e a aplicação de leis estaduais pelas cortes federais e por outras cortes estaduais consideram como a corte de última instância do estado faria a interpretação e aplicação dessas leis.

Pelo menos 90 por cento de todas as demandas civis e criminais, nos Estados Unidos, são conduzidas nas cortes de um dos 50 estados ou do Distrito de Colúmbia. Essas cortes lidam com cerca de 14 milhões de disputas a cada ano. Isso inclui uma variada gama de modalidades de causas, que envolvem matérias de família, processos criminais, contratos e outras demandas comerciais, disputas de propriedade e questões sucessórias.

B. ESTRUTURA DOS SISTEMAS DE CORTE ESTADUAL

A maioria dos sistemas de corte estadual é estruturada de forma muito similar ao das cortes federais, em um modelo tríplice composto por tribunais de julgamento, tribunais de apelação intermediários e por uma corte de última instância. Esta normalmente é chamada de Suprema Corte estadual, mas não é sempre este o caso. No estado de Nova York, por exemplo, a corte de última instância é o tribunal de apelação. Alguns dos menores estados da Federação possuem somente um tribunal de apelação, mas não têm tribunais de apelação intermediários.

Os sistemas de corte estadual também tendem a ter cortes muito mais especializadas do que o sistema de cortes federais. Embora tais cortes difiram de jurisdição para jurisdição, muitos estados possuem cortes especializadas criminais, de família, de pequenas causas, de homologação e societária e comercial.

C. ESCOLHA DOS JUÍZES DAS CORTES ESTADUAIS

Os juízes das cortes estaduais também são escolhidos de diferentes maneiras, em comparação com os juízes federais, e atuam com prazos diferentes. Na maioria dos estados, os juízes são eleitos. As eleições para juízes das cortes estaduais têm sido criticadas sob diversos aspectos, entre os quais se destacam: o fato de que quem vota conhece muito pouco os candidatos; as eleições obrigam os juízes a se engajarem em levantamento de fundos de financiamento de campanha, o que parece inapropriado para aqueles que irão exercer um papel judicial; o fato de as eleições judiciais terem enorme potencial para macular a independência judicial.

Em alguns estados, os juízes são escolhidos pelo governador. Os governadores podem escolher os juízes dentre pessoas recomendadas por um grupo de advogados; eles também podem ser nomeados a partir de indicação governamental, com o consentimento legislativo.

Capítulo IV
Fontes de direito e questões relacionadas

I. INTRODUÇÃO

As fontes de direito, nos Estados Unidos, refletem alguns aspectos fundamentais do direito norte-americano e do sistema jurídico do país. Primeiro, a Constituição é a base de todas as leis federais, sendo a mais alta e mais importante fonte de direito. Segundo, as fontes de direito refletem uma estrutura vertical de governo e princípios federalistas de duas formas: primeiro, elas são criadas em ambos os níveis, federal e estadual; segundo, refletem a supremacia, sob a qual todas as leis federais válidas são hierarquicamente superiores a todas as leis estaduais; terceiro, refletem a estrutura horizontal ou separação de poderes entre os governos federal e estadual, sendo que estas fontes de direito são originárias de todos os ramos do governo – Legislativo, Executivo e Judiciário; finalmente, as fontes de direito norte-americanas refletem a primazia do *case law*, o qual ocupa papel central na tradição do *common law* nos Estados Unidos.

II. FONTES DE DIREITO PRIMÁRIAS *VS.* FONTES DE DIREITO SECUNDÁRIAS

As fontes de direito podem ser de dois tipos: primárias ou secundárias.

A. FONTES DE DIREITO PRIMÁRIAS

1. Definição

Trata-se de fontes normativas que criam direitos e obrigações. De maneira simples, são o direito – fontes de direito positivas que carregam a força do direito.

2. Fontes de direito primárias como reflexo do federalismo e da separação dos poderes

As fontes de direito primárias refletem a estrutura do sistema jurídico norte-americano, como aquele que incorpora os princípios do federalismo e a separação dos poderes por meio de soberanias individualizadas. Ainda, as fontes primárias incluem leis federais e estaduais, o que envolve as cartas de governo: a Constituição do país e a de cada estado; atos legais, leis positivadas, tanto no âmbito federal como no estadual; regulamentos e outros atos administrativos, nos níveis federal e estadual; e o *case law*, ou direito dos juízes (*judge-made law*), também nos níveis federal e estadual.

3. Hierarquia das fontes de direito primárias

Devido ao fato de mais de uma fonte de direito poder ser aplicada a uma situação legal em particular, a relação entre elas assume grande importância. A hierarquia das fontes primárias em um caso incluirá as duas problemáticas: federalismo e separação de poderes.

Federalismo – De acordo com a cláusula de supremacia do artigo VI da Constituição, todas as leis federais válidas são superiores – e se sobrepõem – a qualquer lei estadual que conflite com elas.

Separação de poderes – Dentro dos estados soberanos, a Constituição é a fonte de direito mais alta. Hierarquicamente, abaixo dela estão os atos legais (emitidos pelo Congresso), seguidos pelos regulamentos administrativos e outras medidas executivas e, finalmente, pelo *case law*.

Fontes primárias são em geral vinculantes dentro da jurisdição em que operam, presumindo-se que não se mostrem inconsistentes com a Constituição do país e, no caso de leis estaduais, com leis federais.

O case law merece uma discussão à parte no que tange a este tópico. Alguns *case laws* são vinculantes a decisões futuras em uma mesma Corte. Se ele será vinculante a casos subsequentes, este é, de alguma forma, um questionamento complexo, em razão de uma série de fatores, como será discutido no Capítulo V.

B. FONTES DE DIREITO SECUNDÁRIAS

Essas fontes não são consideradas direito propriamente dito, já que não têm o poder para criar direitos e obrigações legais. Em vez disso, elas explicam, discutem, interpretam, ressaltam, criticam e buscam por mudanças no direito. Incluem resenhas sobre direito ou artigos científicos, dissertações, cartilhas, enciclopédias jurídicas, *Restatements** e outras fontes doutrinárias. Leis uniformes e modelos também são importantes fontes de autoridade secundária.

As fontes de direito secundárias não são vinculantes ou imperativas, embora as cortes possam consultá-las na ausência de fonte primária vinculante, ou para melhor entender e interpretar a fonte primária. Algumas são muito úteis para aqueles que atuam na prática, enquanto outras são importantes somente para acadêmicos.

1. *Law review*/artigos científicos

Toda escola de direito, nos Estados Unidos, publica uma ou mais revistas de artigos científicos, normalmente chamadas de *law reviews*. Existem títulos genéricos de revistas, como *Harvard Law Journal* e *Yale Law Review*. Há também revistas especializadas, como a *Fordham Intellectual Property*,

---

* *Restatements* são uma série de artigos em uma área específica publicados pelo American Law Institute, que tem o objetivo de apresentar o atual *status* daquela área, assim como seus futuros desenvolvimentos. (N. do T.)

Media & Entertainment Law Journal e o *Columbia Human Rights Law Review*.

As revistas científicas são, em sua maioria, editadas por estudantes. As posições no *staff* das revistas são muito disputadas, em especial as posições mais altas no corpo editorial. A admissão ao corpo editorial normalmente é definida com base em notas e competições de redação, realizadas no final do primeiro ano da faculdade de direito. Os editores são escolhidos pelos outros membros da revista*. O editor-estudante e os membros da equipe são responsáveis por selecionar os artigos a serem publicados e trabalham com os autores na edição deles, garantindo que as fontes e as citações estejam corretas. Muitas revistas também promovem simpósios que acabam virando tema para as próximas edições.

Algumas revistas são editadas por professores, e não por alunos. Estas revistas, chamadas *peer edited*, são muito poucas, em comparação com aquelas editadas por alunos.

Embora as revistas científicas sejam usadas por aqueles que atuam na prática e citadas em decisões nas cortes, elas têm sido criticadas por serem muito acadêmicas e teóricas e não suficientemente práticas para serem úteis para advogados ou juízes. Esta crítica talvez caiba mais às revistas publicadas pelas melhores escolas de direito norte-americanas. As revistas científicas são de grande interesse para acadêmicos, e as publicações e revistas científicas continuam sendo importantes para a evolução da academia no país.

O *Index to Legal Periodicals* e o *Current Law Index* são fontes tradicionais para encontrar artigos científicos. Algumas fontes da Internet que permitem o acesso a artigos científicos também estão disponíveis, gratuitamente ou por meio de pagamento.

---

* Uma carreira acadêmica bem-sucedida na área do direito, nos Estados Unidos, passa quase que necessariamente pela participação do aluno na publicação de uma revista da universidade e, por este motivo, as vagas são muito disputadas e destinadas somente àqueles alunos que realmente se sobressaem no primeiro ano da graduação. (N. do R. T.)

2. Enciclopédias jurídicas/*treatises*/ *American Law Reports*

Enciclopédias jurídicas, *treatises* e o *American Law Reports* são em geral fontes de referência mais úteis para pesquisadores que não possuem muita experiência na área em que estão pesquisando.

a. Enciclopédias jurídicas

As maiores enciclopédias jurídicas são a *American Jurisprudence* (mais conhecida pela sigla *Am Jur*) e a *Corpus Juris Secundum: Complete Restatement of the Entire American Law as Developed by All Reported Cases* (mais conhecido como *Corpus Juris Secundum*, ou *CJS*), ambas publicadas pela editora West.

A *Am Jur* e a *CJS* são referências para um amplo número de assuntos. São de fácil compreensão, apesar de não tratarem necessariamente de modo superficial assuntos específicos, e estão organizadas alfabeticamente. Cada assunto é subdividido em duas seções, e citações de casos judiciais-modelo aparecem em notas de rodapé ao longo do texto*. Essas referências constituem conjuntos de vários volumes. A *Am Jur* possui alguns volumes específicos dedicados aos estados, como o *N.Y. Jur* (para Nova York) e o *Cal. Jur.* (para a Califórnia).

b. Treatises

Os *treatises* são obras dirigidas para quem opera o direito na prática. Explicam de forma detalhada o direito relativamente a um assunto em particular, disponibilizando normas gerais e conceitos. Variam quanto à profundidade com que os assuntos são tratados e à extensão. Alguns formam um volume único, normalmente chamado de

---

* A autora refere-se à jurisprudência, ou seja, a casos já decididos pelo Judiciário e que servem de paradigma. *Jurisprudence* é um termo que, nos Estados Unidos, significa estudo do direito, e não propriamente os casos já decididos, e, por este motivo, evita-se usá-lo. (N. do R. T.)

hornbooks*, enquanto outros são compostos por vários volumes, os quais tratam de forma mais detalhada os assuntos.

c. American Law Reports (ALR)

O *American Law Reports* (*ALR*) é uma série de relatórios organizados por data de publicação, e não por tema. Publica artigos que focam temas diferentes e normalmente baseados em opiniões de cortes específicas. Os artigos fazem menção a todos os casos reportados sobre determinado assunto. Eles podem ser encontrados no índice por assunto. O *ALR* não tem a pretensão de ser compreensível, mas pode ser bastante útil se existir uma entrada em algum tópico de interesse.

3. Restatements

Os *restatements* (compêndios) do direito ocupam um lugar especial entre as fontes de direito dos Estados Unidos. No início do século XX, verificou-se que havia uma crescente dificuldade para entender as tendências nas leis estaduais, considerando o desenvolvimento variável das leis nos diversos estados, em especial nas áreas nas quais o *case law* era dominante, como contratos, direito possessório e responsabilidade civil. Com isso em mente, o American Law Institute (ALI) foi criado em 1923 para apoiar "o esclarecimento e a simplificação do direito"[1].

Um importante projeto do ALI é uma série de *restatements*, que constituem esforços para "voltar a expor (*restate*)" áreas específicas do direito. O *restatement* de cada área foi elaborado inicialmente por um ou mais relatores – eminentes professores de direito –, em colaboração com consultores, advogados e juízes. Cada *restatement* é dividido em seções, as quais são relatos fundamentais de princípios e regras, seguidos de comentários que explicam seu objetivo e alcance, com exemplos de suas aplicações. As notas dos relatores ci-

---

* Seriam muito similares a apostilas, cartilhas. (N. do T.)
1. Ver <www.ali.org>.

tam casos e outras fontes de direito e podem mencionar perspectivas conflitantes.

Os *restatements* têm sido revisados, tanto que muitos assuntos estão agora na terceira edição, e outros temas foram adicionados a eles. Cada *restatement* contém um índice geral e um índice de assuntos. Atualmente, tratam destes temas: agenciamento, conflito de leis, contratos, leis de relações internacionais dos Estados Unidos, julgamentos, leis profissionais da categoria dos advogados, propriedade, indenizações, fianças e garantias, responsabilidade civil e concorrência desleal.

Tem sido grande a influência dos *restatements* no desenvolvimento do direito nos Estados Unidos, e eles contêm as opiniões dos maiores estudiosos do país sobre cada assunto, as quais devem ser levadas em consideração. Constituem ainda uma fonte de direito secundária de grande importância, sendo comumente citados em considerações em cortes nas quais não há autoridade de controle.

4. Leis uniformes e leis-modelo

a. Leis uniformes

Devido ao aumento das viagens interestaduais e à expansão do comércio nos Estados Unidos, surgiu a necessidade de uniformidade das leis em relação a temas específicos. A Conferência Nacional de Comissários em Leis Estaduais Uniformes foi criada em 1892 em resposta à necessidade de pesquisar, elaborar e promover a decretação de leis estaduais uniformes em áreas nas quais a uniformização fosse desejável e exequível[2]. Tal conferência objetiva supervisionar a preparação de leis uniformes propostas pelos estados, apoiando posteriormente a sua adoção.

O termo "leis uniformes", entretanto, mostra-se impróprio, uma vez que a recomendação da conferência não cria lei em nenhuma jurisdição. Leis uniformes são meras propostas para o Legislativo de cada estado do país, com a antecipação de adoção generalizada.

---

2. Ver <www.nccusl.org>.

Esse termo também é ilusório, pois as versões das leis uniformes adotadas raramente são idênticas às propostas pela comissão. Ainda assim, mesmo quando uma lei uniforme é adotada por quase todos os estados, ocorrem variações, em geral substanciais, entre eles.

Algumas leis uniformes têm alcançado bastante sucesso, em particular na área do direito comercial. O exemplo mais conhecido desses esforços é o Código Comercial Uniforme (Uniform Commercial Code – UCC), elaborado conjuntamente pela Conferência Nacional e pelo American Law Institute. Esse código tem sido bastante adotado em todos os cinquenta estados, embora com algumas diferenças substanciais entre eles.

b. Leis-modelo

Como as leis uniformes, os atos-modelo são propostos por lei, mas o principal alvo das leis-modelo não é a uniformidade. Elas são elaboradas para estabelecer modelos ou elementos normativos que, segundo o julgamento dos redatores, deveriam ser incorporados a uma legislação específica. Não há expectativa de que o ato seja adotado em sua totalidade, embora exista a expectativa de que os estados adotem individualmente aspectos centrais do ato-modelo.

III. INSTRUMENTOS DE BUSCA

Há uma gama impressionante de instrumentos criados para tornar a pesquisa jurídica sistemática e administrável.

A. BUSCANDO UM *CASE LAW*

1. *Case reporters**

Com algumas exceções, grande parte das decisões apresentadas pela maioria dos tribunais de apelação é compila-

---

* Publicação que contém a compilação de casos decididos por cortes em determinadas regiões ou por uma Corte em particular, ou compilação de decisões administrativas de determinada agência. (N. do T.)

da[3]. A publicação formal dos casos resulta na reprodução deles nos *case reporters*, os quais são organizados de modo que reflitam a estrutura hierárquica e geográfica das cortes. Dentro de cada compilação, os casos são organizados em rígida ordem cronológica.

a. Reporters *das cortes estaduais*

Existe um conjunto de *case reporters* para cada estado. Normalmente, há *reporters* separados para cada estado de diferentes cortes. Comumente, a corte estadual de última instância possui o seu próprio *reporter*. A West, maior editora de conteúdo jurídico dos Estados Unidos, publica *case reporters* na maioria dos estados e também uma série de *reporters* regionais que contêm casos (*case laws*) de um grupo de estados da mesma área geográfica. Um caso isolado pode ainda ser compilado e publicado no *reporter* oficial do estado (às vezes publicado pela West), no *reporter* estadual da West (caso este não seja o *reporter* oficial do estado) e no seu *reporter* regional.

b. Reporters *da corte federal*

No nível federal, existem diferentes *case reporters* originários em cada nível na hierarquia da corte federal: a Suprema Corte, o tribunal de apelação e a corte distrital.

(1) *Reporters* da Suprema Corte

Os casos da Suprema Corte são compilados nos *United States Reports*, uma publicação oficial do governo dos Estados Unidos. Devido ao atraso na publicação do *reporter* oficial, dois *reporters* privados também os publicam: o *Supreme Court Reporter,* publicado pela West, e o *U.S. Supreme Court Reports, Lawyers' Edition.* Esses casos também estão disponíveis na Internet, no site da Suprema Corte (http://www.supreme-

---

3. Casos não compilados em geral encontram-se acessíveis em bancos de dados disponíveis na Internet, mas na maioria das jurisdições as decisões não compiladas não podem ser arguidas pelas partes em casos futuros.

courtus.gov) e em muitos outros sites livres e gratuitos da rede mundial de computadores.

(2) *Reporters* do tribunal de apelação

Grande parte das decisões do tribunal de apelação é publicada. Cada corte tem a responsabilidade de determinar como cada opinião específica será formalmente publicada. A publicação dos casos da corte federal em geral segue a ordem cronológica. A cargo da editora West, essa publicação é chamada de *Federal Reporter* e atualmente encontra-se em sua terceira série (cada série vai até o volume 999).

(3) *Reporters* das cortes distritais

Os casos da corte distrital integram o *Federal Supplement*, também uma publicação da editora West, agora em sua segunda série. Outro *reporter*, o *Federal Rules Decisions*, também publica decisões dessa corte que lidem com a regulação de determinadas normas processuais de caráter federal. Uma percentagem relativamente pequena de opiniões da corte distrital é formalmente publicada. Lembre-se de que os vereditos são prolatados por um júri de forma não escrita (o júri simplesmente anuncia o veredito como o julgamento da corte). Deste modo, as decisões dos julgamentos da corte publicadas consistem, em geral, em regulamentos das cortes ou moções que apontem questões legais dignas de nota.

2. Instrumentos de busca de casos

Existem diversos instrumentos de busca que permitem a um pesquisador localizar, de forma rápida, casos (e outros materiais) sobre o tema que está pesquisando.

a. Digests

Digests, em particular o sistema *American Digest*, publicado pela editora West, são as ferramentas de pesquisa mais usadas para localizar casos sobre temas específicos de direito. Trata-se de índices sistemáticos para organização de *case law* por tópicos dentro de uma jurisdição específica.

O *American Digest* apresenta um perfil de todo o direito dos Estados Unidos, com breves sumários e citações de casos pertinentes. Esse sistema está organizado de forma muito semelhante ao sistema *reporter*: há um sistema *digest* para cada estado e para cada uma das regiões representadas pelos *reporters* regionais. Existe também uma série de *digests* federais (combinando todos os *case laws* reportados) e um específico para a Suprema Corte.

O *digest* da editora West utiliza um sistema de números para organizar as diferentes áreas do direito. Os tópicos são organizados em ordem alfabética. Cada tópico mais amplo, como "Contratos", está subdividido em diversos assuntos, como "Formação dos contratos"; este, por sua vez, encontra-se dividido em subtópicos, por exemplo, "Requisitos e validade", os quais também estão subdivididos em subtópicos. Cada um dos tópicos e subtópicos é identificado por um número ou um grupo de números-chave, que são identificadores específicos para aquele assunto em particular. Números-chave e tópicos também são encontrados em casos reportados nos *reporters* da editora West, o que permite a utilização de um caso conhecido para retornar ao *digest* a fim de procurar casos que versem sobre questões similares. Ainda, o tópico da West e o sistema de números-chave é uniforme em todos os *digests*, o que facilita a pesquisa sobre um mesmo assunto em grande número de diferentes jurisdições.

Os *digests* são divididos em séries, e cada uma trata de determinados períodos. Junto com o assunto e o sistema de número-chave, o *digest* da West pode ser acessado pelo nome do caso, por um índice geral ou pelo índice remissivo. Os *digests* são atualizados por suplementos e versões de bolso.

b. Enciclopédias jurídicas/treatises/American Law Reports

As enciclopédias jurídicas, os *treatises* e os *American Law Reports*, já mencionados, também podem ser utilizados como ferramentas de busca de casos. Caso estas fontes levem a casos que não são da jurisdição em que o pesquisador está situado, o sistema *digest* pode ajudá-lo a localizar casos similares em sua própria jurisdição.

c. *Sistemas* citator

Os sistemas *citator* são outro instrumento útil para a localização de casos relevantes para uma questão específica: citações para as fontes mencionadas na fonte em questão. Por exemplo, se alguém recorrer a uma citação por intermédio do *citator*, obterá uma listagem de todos os casos ou artigos científicos que tenham citado o caso em questão.

Os *citators* têm outra importante função: fornecem o histórico de um caso para que o pesquisador possa averiguar se ele continua existindo ou se foi solucionado, modificado ou revertido em sede de apelação.

Existem dois sistemas primários de *citator*, ambos disponíveis em programas de pesquisa *on-line*: o Westlaw (editoras Thompson/West) oferece o *Key Cite*, e a Lexis/Nexis disponibiliza o *Shepard's Citators*.

B. BUSCANDO LEI CODIFICADA

1. Fontes de direito codificado

O *United States Code* (*USC*) é uma compilação sistemática de leis federais efetivas. Está dividido em cinquenta títulos, cada um subdividido em seções sequenciais numeradas. Novas leis federais são incorporadas ao código já existente.

Os primeiros cinco títulos do *USC* tratam dos seguintes assuntos: previsões gerais (Título I), o Congresso (Título II), o presidente (Título III), a bandeira e o selo, a sede do governo e os estados (Título IV), organização do governo e os funcionários (Título V). Os títulos restantes (incluindo o Judiciário e o processo judicial – Título XXVIII) são organizados alfabeticamente por assunto.

A legislação federal também pode ser encontrada em *Statutes at Large*, publicações de volumes de legislação por ordem de sanção.

As leis estaduais normalmente estão disponíveis em formatos similares.

2. Códigos anotados

O *United States Code* também é comercializado na forma anotada, versão preferida para a finalidade de pesquisa, em comparação com as versões oficiais. Essas publicações anotadas são o *United States Code Annotated* (*USCA*) (editoras Thompson/West) e o *United States Code Service* (*USCS*) (Lexis/Nexis). Apresentam o texto do código oficial organizado da mesma forma que o *United States Code* (por exemplo, por título e número de seção). Além do mais, tanto o *USCS* como o *USCA* possuem índices por tópico específico a cada seção legislativa, para facilitar a localização de casos relevantes. Citações de outras fontes, como artigos científicos, *digests,* enciclopédias jurídicas, também estão incluídas nessas publicações, além de anotações para cada provisão da Constituição dos Estados Unidos, incluindo as emendas. O *USCS* possui ainda citações para regras relevantes do Código de Regulações Federais (*Code of Federal Regulations*). Vale ressaltar que a maioria dos estados possui códigos anotados similares.

C. BUSCANDO MATERIAL DE ÓRGÃOS GOVERNAMENTAIS (AGÊNCIAS) E OUTROS MATERIAIS EXECUTIVOS

No nível federal, são vários os tipos de materiais administrativos disponíveis: as ordens executivas são diretivas presidenciais para outros oficiais governamentais do Poder Executivo; as emissões das agências costumam apresentar-se na forma de regulamentos e ordens em acontecimentos judicantes específicos. Tanto os regulamentos gerais de aplicabilidade genérica como as ordens devem ser emitidos de forma consistente com as regras que regulam as agências governamentais, com o Ato de Processo Administrativo (*Administrative Procedure Act*) e com procedimentos das agências governamentais.

A emissão de regulamentos também deve seguir certos procedimentos de notificação e incluir comentários, como especificado no Ato Federal de Registro (*Federal Register Act*), que é uma publicação diária de todas as publicações de notificações e emissões do governo federal. Regras e regulamentos de aplicabilidade genérica são codificados no Código de Regulamentos Federais (*Code of Federal Regulation – CFR*). Este código, como o *United States Code,* está organizado em cinquenta títulos, mas é necessário cuidado ao analisá-lo, uma vez que os números dos seus títulos não correspondem exatamente àqueles do *USC.*

IV. CONVENÇÕES DE CITAÇÕES

A citação para uma fonte de direito em particular é o único indicativo das fontes em questão. Ela possui duas importantes funções: primeiro, permite ao leitor a localização de fonte referenciada; segundo, fornece informações importantes sobre a fonte. Estas informações, por sua vez, possibilitam ao leitor verificar, por exemplo, a relevância e a importância de uma autoridade legal específica para uma questão que esteja sendo analisada.

The Bluebook, agora em sua décima oitava edição, continua sendo a convenção para citações legais nos Estados Unidos, apesar de uma concorrente publicada pela Association of Legal Writing Directors estar ganhando terreno nos últimos anos. Ambas possuem índices extensos, que auxiliam na localização da convenção de citação apropriada. As capas internas do *Bluebook* também oferecem exemplos de como citar as fontes de direito mais comuns. Formatos um pouco diferentes podem ser utilizados, dependendo de o documento ser utilizado para a prática do direito (memorandos e petições à Corte) ou para publicação acadêmica (um livro, um artigo).

Quando da preparação de um documento legal nos Estados Unidos, um dos guias para convenções sobre citações deverá sempre ser consultado. Não obstante, algumas regras básicas devem ser seguidas:

Casos
- Nome do caso, em itálico ou sublinhado
  - Nomes das partes, separados pelo indicativo de caso "*v.*" .
  - Para pessoas físicas, somente o último nome é usado.
  - Caso exista mais de uma parte em cada lado, somente será indicado o nome da primeira parte.
  - Existem abreviaturas reconhecidas para diversas designações.
- Número do volume, nome do *reporter* devidamente abreviado; número da página na qual o caso tem início.
- Parentético, o qual deverá conter:
  - Ano da decisão.
  - Corte e jurisdição, em extensão não clara do nome do *reporter*.
- Alguns exemplos:
  - *Gutter v. Bollinger*, 539 U.S. 306 (2003).
  - *United States v. Sterley*, 764 F. 2d 530 (8th Cir. 1985).
  - *Campbell v. Sirak*, 476 F. Supp. 21 (S.D. Ohio).
  - *Woolley v. Hoffman-LaRoche, Inc.*, 99 N.J. 284, 491 A. 2d 1257 (1985).

Formas abreviadas de citações podem ser utilizadas para referências subsequentes para o mesmo caso no mesmo documento.

- *Id.* Para a mesma fonte citada por último no documento (caso a citação anterior contenha somente uma fonte).
- *Id. at* (número da página) para uma página diferente da fonte citada anteriormente no documento (caso a citação anterior contenha somente uma fonte).
- Primeiro nome do caso (em itálico ou sublinhado), seguido de vírgula e do volume e do nome do *reporter*, seguido de "*at* (número da página)". Por exemplo:
  - *Grutter*, 539 U.S. at 310.

Constituição dos Estados Unidos
- U.S. Const. amend. XIV.
- U.S. Const. art. I, §2, cl. 3.

Estatutos federais
- Número do título do código estatutário.
- Nome abreviado do código estatutário.
- Número da seção.
- Ano do código entre parênteses.
- Exemplo:
  - 12 USC. §1989 (2002).

Livros
- Autor, título (sublinhado ou em itálico), página, edição, caso não seja a primeira, e ano entre parênteses.
- Exemplo:
  - Toni M. Fine. *American Legal Systems: A Resource and Reference Guide* (1997).

Artigos
- Autor, título (sublinhado ou em itálico), número do volume da revista científica, nome abreviado da revista científica e página de início do artigo (ano entre parênteses).
- Exemplo:
  - Toni M. Fine, *Moratorium 2000: An International Dialogue Toward a Ban on Capital Punishment*, 30 Colum. Hum. Rts. L. Rev. 421 (1999).

V. BUSCANDO O DIREITO NORTE-AMERICANO NA REDE MUNDIAL DE COMPUTADORES

Poucas bibliotecas fora dos Estados Unidos terão algo próximo às coleções de direito do país. As fontes mais acessíveis de material legal são disponibilizadas mediante pagamento, em especial a Westlaw e a Lexis. Felizmente, há grande riqueza de material sobre direito norte-americano disponível gratuitamente na Internet.

A Constituição pode ser encontrada em diversos *sites* governamentais, por exemplo:

- http://www.house.gov/Constitution/Constitution.html
- http://www.gpoaccess.gov/constitution/

Outros *websites* também disponibilizam o texto da Constituição, incluindo versões com busca, como:

- http://www.usconstitution.net/const.html
- http://www.law.cornell.edu/constitution/constitution.overview.html
- http://www.findlaw.com/casecode/constitution/

Case laws federais também estão prontamente disponíveis na Internet. O *site* oficial das cortes federais, www.uscourts.gov, possui links para todas elas, em sua maioria em bancos de dados de opiniões. Também estão disponíveis em outros *sites*, como os listados a seguir.

O *United States Code* pode ser pesquisado no site http://www.gpoaccess.gov/uscode/, e o *Code of Federal Regulations*, no site http://www.gpoaccess.gov/cfr/index.html.

Alguns *sites* gerais de direito nos Estados Unidos e mecanismos de buscas são excelentes, incluindo os que se seguem:

- www.findlaw.com
- www.lii.law.cornell.edu
- www.llrx.com
- http://jurist.law.pitt.edu
- www.hg.org
- www.abanet.org
- www.google.com

Capítulo V
O desenvolvimento do common law *e o uso do precedente*

I. *COMMON LAW* E O SEU DESENVOLVIMENTO

Os sistemas de *common law,* como no caso dos Estados Unidos, são diferentes dos sistemas de *civil law,* como é o caso da Europa Ocidental, uma vez que no primeiro decisões judiciais constituem importante fonte de direito, sendo utilizadas como precedentes que normalmente possuem efeito vinculante na decisão de casos futuros. O *common law* pode ser entendido como o direito desenvolvido pelos juízes, em vez de corporificado em um corpo de normas codificadas, como ocorre nos sistemas de *civil law*.

Uma característica básica do *common law,* nesse caso, é a doutrina do precedente, pela qual os juízes utilizam princípios estabelecidos em casos precedentes para decidir novos casos que apresentem fatos similares e levantem questões legais semelhantes. Os juízes com frequência estabelecem regras que possuem um impacto que se estende para além das partes em um caso particular. Essa tendência em seguir casos decididos anteriormente é chamada de *stare decisis*, que vem do vocábulo latino *stare decisis et non quieta movere* (manter decisões e não alterar questões já definidas). É responsabilidade da Corte determinar, nos casos subsequentes, os limites da utilização de casos precedentes. Devido ao fato de que um caso particular somente tratará questões específicas àquele litígio, é deixado a cargo da Corte subsequente resolver se o alcance e a razão de direito da questão precedente aplicam-se ao novo conjunto de fatos apresentado.

Em casos nos quais não há precedente, a Corte deve decidir a partir de princípios gerais, por analogia, e com base no que ela acredita ser razoável e de interesse público. Regras do *stare decisis* também são aplicadas em casos que envolvem previsões estatutárias ou constitucionais. Uma vez que uma Corte tenha interpretado e aplicado uma destas previsões, as cortes verificarão, nos casos subsequentes, o precedente, ao interpretarem casos usando os mesmos dispositivos.

O precedente pode ser persuasivo ou vinculante. A autoridade vinculante, algumas vezes chamada de obrigatória ou controladora, como o nome sugere, é vinculante com relação aos casos subsequentes. Decisões vinculantes incluem decisões de cortes superiores dentro da mesma jurisdição e, algumas vezes, decisões da mesma corte. Por exemplo, decisões da Suprema Corte dos Estados Unidos são controladoras em todas as outras cortes; decisões de um tribunal de apelação federal são vinculantes em todas as cortes dentro do circuito, em todas as cortes distritais sob o mesmo alcance geográfico do circuito, assim como o próprio tribunal de apelação[1]. Decisões de uma corte distrital, entretanto, somente vinculam as partes que estejam perante ela naquele caso, mas não em casos subsequentes.

Na ausência de autoridade obrigatória, é consistente com a boa prática jurídica que uma corte considere a autoridade persuasiva. Esta autoridade não possui caráter vinculante em uma corte subsequente, mas pode ajudar o juiz no processo de tomada de decisão, fornecendo-lhe exemplos da maneira como outros juízes analisaram questões simila-

---

1. Um tribunal de apelação específico está ligado pelas próprias decisões, a não ser que sejam sobrepostas ou revertidas pela Suprema Corte ou pelo próprio tribunal de apelação em um regramento *en banc*. É claro que grupos subsequentes do tribunal de apelação, assim como de cortes distritais no circuito, são livres para diferir em relação aos fatos apresentados por casos subsequentes a fim de atingir um resultado diferente.

res e casos análogos. A autoridade persuasiva inclui decisões de cortes de outras jurisdições e, se não for vinculante, decisões de cortes coordenadas da mesma jurisdição. Por exemplo, suponha-se que não exista precedente obrigatório aplicável a um caso perante um juiz de uma corte distrital, ou seja, não há precedente da Suprema Corte nem do tribunal de apelação do circuito. Não obstante, o juiz da corte distrital deverá considerar as determinações de outras cortes ao decidir uma questão – juízes da corte distrital dentro e fora do circuito e os tribunais de apelação nos outros circuitos, por exemplo. O juiz pode adotar uma abordagem acolhida em um daqueles casos ou escolher uma abordagem conjunta completamente diversa. A persuasão do precedente dependerá de diversos fatores, incluindo a solidez da razoabilidade, o número de jurisdições que tenham alcançado o mesmo resultado, a proeminência da corte que decidiu o caso e o juiz que apresentou a sua opinião.

Para que um precedente seja vinculante ou até mesmo persuasivo, ele deve ser relevante, ou seja, deve levantar fatos e questões legais similares. Se a corte conseguir fazer a distinção dos fatos ou da questão legal apresentada em um caso que formou a base para o precedente, então deverá afastar-se deste precedente. De fato, uma das principais habilidades dos advogados que atuam no sistema jurídico norte-americano é a de fazer a distinção do precedente (quando o advogado não quer que casos anteriores sejam aplicados) e de proceder a uma argumentação por analogia (quando deseja que casos precedentes sejam aplicados).

Também fundamental para a aplicação do *stare decisis* é a distinção entre o *holding* e o *dictum.* Como será discutido em maiores detalhes a seguir, *dicta* são declarações feitas por uma Corte que transcendem a questão legal ou os fatos apresentados pelo caso a ela submetido. A recusa de concessão do efeito do *stare decisis* ao *dictum* advém do compromisso do *common law* com o processo adversarial e da crença de que o juiz tem competência para decidir somente aquelas questões que são necessárias para a solução do caso que lhe é apresentado[2]. Quanto às questões, as quais presumidamente têm sido arguidas pelas partes, as decisões dos juízes devem ser tratadas como precedentes vinculantes. A base racional para a natureza não vinculante do *dictum*, como explicado pela Suprema Corte, é bastante convincente: "O questionamento perante a corte é investigado com cuidado e considerado em sua totalidade. Outros princípios que podem servir para ilustrá-lo são considerados em sua relação com o caso decidido, mas a sua possível influência em todos os outros casos raramente é investigada por completo."[3] Não obstante, o *dictum* merece respeito. Ele pode ser seguido pela mesma corte em casos posteriores ou por uma corte inferior, mas, ao menos em princípio, ele não é vinculante em nenhuma corte.

A natureza não vinculante do *dictum* ainda apresenta outra oportunidade para advogados arguirem que certas declarações, em casos anteriormente decididos, não são vinculantes, pois deveriam ser caracterizadas como *dicta*. Também é uma oportunidade para contra-arrazoar, com o argumento de que tal declaração era, na verdade, parte de regramento anterior da Corte e, por isso, controladora. Ultimamente, vem sendo dado ao juiz, em casos subsequentes, decidir se declarações constantes em casos anteriores devem ser tratadas como parte do *holding* ou como *dictum* não vinculante.

II. TRABALHANDO COM *CASE LAW*

A. ANATOMIA DE UM CASO

Embora os diferentes aspectos de casos particulares sejam importantes, um leitor deverá ter o cuidado de verificar os elementos de uma opinião judicial que se seguem:

1. Informações básicas sobre o caso.
2. Fatos materiais.

---

2. De fato, isso está implícito no requisito "caso" ou "controvérsia" do artigo III da Constituição.

3. *Cohens Virginia,* 19 U.S. (6 Wheat.) 264, 399 (1821).

3. Histórico processual/situação processual.
4. Questões legais.
5. *Holding*.
6. *Rationale*.

Cada um desses elementos será discutido a seguir.

1. Informações básicas sobre o caso

A jurisdição e a hierarquia da Corte que emitiu a opinião e a data da opinião são relevantes para o valor de precedente do caso e para a aplicação dos princípios do *stare decisis*.

2. Fatos materiais

São aqueles considerados importantes para o caso e para a decisão da corte. Os fatos que subjazem à decisão de uma corte são de crucial importância para a sua aplicação nos casos futuros.

Ao lidarem com um precedente, os advogados com frequência procedem à analogia ou à distinção (*distinguish*) de fatos do caso do seu cliente a partir dos fatos materiais de casos anteriores. Ainda, o advogado que queira a aplicação do precedente ao caso presente tentará demonstrar que os fatos materiais apresentados são análogos aos dos casos já decididos anteriormente. Contrariamente, um advogado que não queira que os casos anteriores sejam utilizados deverá argumentar que os fatos materiais precedentes diferem substancialmente dos atuais, o que leva à conclusão de que um resultado diferente deve ser alcançado.

3. Histórico processual/situação processual

O histórico processual de um caso diz respeito aos procedimentos utilizados que levaram à situação atual. O que aconteceu desde que o litígio teve início? Os leitores devem também verificar os títulos processuais da parte (por exemplo, querelante, apelante). A situação processual refere-se ao *status* processual do caso enquanto a Corte o decide. Foi em um momento de questão de prova anterior ao julgamento? Foi em uma moção para julgamento sumário? Foi no momento da apelação? O histórico processual e a situação processual do caso ajudarão a definir o alcance da decisão da Corte e a sua aplicabilidade em casos futuros.

4. Questões legais

Questões legais são aquelas apresentadas para a Corte solucionar. Também ajudam a definir o *holding* do caso. A questão legal pode ser apresentada de maneira explícita pela Corte ("A questão perante esta corte é...") ou estar implícita, deixando-se ao leitor a função de identificar uma ou mais questões legais a partir do contexto, incluindo o *holding* da corte.

5. *Holding*

O *holding* de um caso é a resolução de uma questão legal. Deve ser determinado a partir de uma análise dos fatos materiais, da decisão da corte e da motivação do juízo. Algumas vezes, a situação processual de um caso será relevante para definir o alcance do *holding*. Entretanto, em geral, é complicado saber quão restritiva ou ampla deverá ser a leitura do *holding* pela corte. Deve-se ir além de uma opinião judicial isolada (monocrática), para verificar como ela é compreendida, considerando também o histórico de outras decisões anteriores relacionadas à atual e os princípios gerais. O alcance preciso do *holding* pode não ficar claro até que tenha sido interpretado e aplicado em casos subsequentes.

6. *Rationale*

A *rationale* é a explicação da corte para o seu *holding*, assim como para cada questão. Por que a corte chegou a uma decisão? A decisão foi baseada em normas positivadas (estatuto)? A corte considerou o precedente vinculante ou persuasivo? Quais foram as implicações políticas da decisão da corte?

* * *

A análise das decisões judiciais deve ser sempre crítica, o que quer dizer que o leitor deve realizar um constante processo de avaliação e análise. Os pensamentos e as questões que se mostram ao leitor estão entre os aspectos mais importantes do processo de análise do caso. A forma mais comum de analisar um caso é questionar os diferentes aspectos do juízo da corte – você discorda de alguma parte da *rationale* da corte? E o que pensa a respeito de uma eventual preocupação política subjacente à decisão da corte? A conclusão do caso difere das conclusões de casos de mesmo teor? Se diverge, você consegue explicar por que isso acontece? Por exemplo: os casos são de jurisdições diferentes? Os fatos materiais ou a situação processual diferem de forma significativa? Há uma grande distância de tempo entre um caso e outro, refletindo mudanças no direito ou na política? Mesmo que os dois casos não sejam inconsistentes, o caso em questão é mais amplo, mais restritivo ou simplesmente explica um caso anterior? Cria uma nova regra geral? Normalmente, essas questões irão formar a base para uma análise legal mais compreensível e útil.

B. RESUMINDO UM CASO

A síntese consiste em um sumário organizado dos elementos mais importantes de um caso judicial. Um caso judicial sintetizado é usado exclusivamente pela pessoa que o preparou, e cada pessoa, com o passar do tempo, desenvolve seu próprio estilo de fazer isso. O caso deve ser formulado com as próprias palavras do leitor (e não simplesmente com palavras copiadas do caso), deve ser conciso (não deve ultrapassar uma página) e de fácil leitura (podem ser utilizados pontos-chave e frases, em vez de parágrafos completos). A maioria das pessoas utiliza abreviações para as palavras e frases mais comuns (P ou π para requerente; D ou Δ para requerido).

A maior parte dos casos sintetizados inclui os seguintes elementos:

1. Informações básicas sobre o caso

- Nomes das partes e seu papel no litígio.
- Informações do parecer da Corte.
- Data (ano) do parecer.

2. Fatos materiais

- Fatos que originaram o litígio – a "história".
- Fatos considerados pela Corte para chegar à sua decisão.

3. Histórico processual/situação processual

- O que aconteceu nos procedimentos anteriores envolvendo o litígio.
- Como as partes chegaram à atual situação processual (por exemplo: por apelação, por moção por julgamento sumário).
- Disposições de cortes inferiores sobre o caso.

4. Questões legais

- Apresentar questões legais usadas pela Corte para tomar a sua decisão.
- Incorporar fatos-chave.
- Enumerar cada questão em separado, se houver questões legais múltiplas.

5. *Holding*

- Solução da questão legal apresentada.
- O *holding* pode ser apresentado de forma incisiva ou de maneira mais ampla. O alcance do *holding* do caso normalmente não é conhecido antes que casos subsequentes interpretem e apliquem o caso anterior.
- O *holding* refletirá uma regra *(rule)*, a qual constitui um princípio geral a ser aplicado em casos futuros.

6. *Rationale*
- Explicação do *holding* da corte para cada questão.
- O que a corte disse ao explicar cada um dos seus *holdings*.
- Como e por que a corte chegou à sua decisão.

7. Outras opiniões
- Casos dos tribunais de apelação são decididos por painéis de juízes. Assim, para qualquer um dos casos pode haver opiniões diferentes daquelas da maioria.
- Uma opinião divergente não está de acordo com a decisão da maioria e apresenta as razões dessa discordância. Uma opinião divergente não integra a opinião da Corte, é claro, e não possui valor de precedente. Mas essa opinião poderá um dia representar a opinião da maioria e também dar à parte perdedora uma base forte para buscar uma apelação, se for possível apelar.
- Uma opinião concorrente concorda com o *holding* da maioria, mas por razões adicionais ou diferentes.

8. Comentários
- As observações do leitor sobre o caso.
- O entendimento do leitor sobre como o caso se relaciona com outros casos em questões relacionadas.

C. RESUMINDO UM *CASE LAW*

Uma vez que casos individuais (ou outras fontes de direito) sobre um assunto em particular são identificados, lidos e analisados, há a necessidade de resumir as várias fontes, assim como de alcançar um entendimento da questão. Ainda, casos e outras fontes relevantes devem ser pensados conjuntamente, como um corpo integrado de um caso individual. A síntese de um número de casos reflete o desenvolvimento e a elaboração de uma norma e a sua ampliação ou especificação para encontrar condições que possibilitem modificações e para ter conhecimento da grande variedade de situações que possam surgir.

A necessidade de resumir um *case law* e outras fontes de direito relevantes aparece mais comumente quando da preparação de um memorando entre órgãos (ou escritórios). Esse memorando é um documento preditivo escrito para um advogado supervisor e/ou um cliente, que faz uma análise objetiva de como um caso poderá ser resolvido de acordo com a lei aplicável.

III. REGRAS DO *STARE DECISIS*

A. CONSIDERAÇÕES GERAIS

As regras do *stare decisis* e a natureza vinculante do precedente são conceitos fundamentais no sistema jurídico dos Estados Unidos. *Stare decisis* é um termo latino que tecnicamente significa "deixe como está"; o sujeito oculto da sentença é o precedente ou casos decididos anteriormente. Constitui também a tendência de uma Corte de seguir a corrente adotada por cortes anteriores em questões legais semelhantes quando apresentam fatos materiais similares. Deste modo, os casos decididos anteriormente formam um conjunto de precedentes que vinculam as cortes em decisões subsequentes. Elas tendem a seguir a corrente adotada em casos anteriores, mesmo que não alcancem o mesmo resultado previsto em um primeiro momento.

A doutrina do *stare decisis* está firmemente estabelecida nos Estados Unidos, mas é um fenômeno complexo, e é melhor pensá-la como uma arte, e não como uma ciência. Como ela é aplicada em um caso particular, é largamente produto de critério judicial. Em alguns aspectos, o sistema do *stare decisis* restringe os juízes. Para alcançar a certeza, limita a atuação discricionária judicial, no sentido de que a Corte deve seguir princípios e regras estabelecidos em casos anteriores. Por outro lado, um sistema de precedentes vinculantes dá aos juízes grande liberdade. Por exemplo, eles podem interpretar e determinar o alcance do *holding* em casos anteriores, o que é de grande relevância para a aplicação dos princípios do *stare decisis*. Um sistema de *stare decisis* também dá grande poder aos juízes em grau de recurso, uma vez que casos em fase de apelação podem e normalmente vinculam as cortes em casos futuros.

B. *RATIONALE* PARA O *STARE DECISIS*

Existem diversas explicações para o uso do precedente, incluindo: 1) previsibilidade; 2) justiça; 3) eficiência judiciária; 4) integridade do sistema judicial; e 5) processo de tomada de decisões consciencioso.

1. Previsibilidade

O uso de precedentes proporciona previsibilidade ao direito e estabilidade em todos os tipos de relações, inclusive nas relações comerciais. Os princípios do *stare decisis* também promovem estabilidade e consistência no desenvolvimento de princípios legais, que por sua vez podem levar ao aumento da estabilidade econômica e ao crescimento.

2. Justiça

Uma das premissas subjacentes à doutrina do *stare decisis* é a justiça fundamental, que surge quando casos semelhantes são decididos de forma similar. Este princípio é essencial para o sistema norte-americano de justiça e para preceitos básicos do devido processo (*due process*). Em suma, um sistema de precedentes cria a sensação de justiça e evita decisões arbitrárias, assim como dá uma aparência de neutralidade ao processo de tomada de decisão judicial.

3. Eficiência judicial

A utilização do precedente judicial como uma diretriz dentro do sistema jurídico pode promover uma grande eficiência. *Stare decisis* significa que a Corte não precisa considerar novamente todos os princípios legais a ela apresentados. Pode utilizar casos decididos anteriormente que envolvam as mesmas questões legais e utilizá-los como um guia. É importante notar que, uma vez que a regra do *stare decisis* se torna um princípio diretor, as partes que não têm suas pretensões amparadas por precedentes serão desencorajadas e, espera-se, dissuadidas de trazer casos sem importância e apelações não fundamentadas em questões legais já bem definidas pelo Judiciário. Por estas razões, o sistema de precedentes vinculantes objetiva alcançar eficiência em induzir os acordos nas controvérsias e aumentar a eficiência judiciária.

4. Integridade do sistema judicial

A experiência nos Estados Unidos mostra que o uso de precedentes pode aperfeiçoar a integridade do sistema e dos processos judiciais. Quando cidadãos e entidades, ao atuarem em um estado, percebem que as cortes tratam as partes que se encontram em posições similares da mesma forma, surge grande confiança no sistema, o que de outra maneira não aconteceria. Um sistema jurídico baseado em precedentes cria entre os cidadãos a sensação de estabilidade e aumenta a confiança no regime legal. Se as regras forem constantemente reformuladas e aplicadas de modo inconsistente, o sistema passará a aparentar instabilidade, imprevisibilidade e arbitrariedade. A aplicação de princípios racionais e fundamentados em todos os sentidos, por outro lado, inspira confiança no estado de direito e nas instituições que o apoiam e promovem.

5. Decisão judicial conscienciosa

Devido ao fato de que a doutrina do *stare decisis* significa que as decisões judiciais de hoje serão os precedentes de amanhã, os juízes que operam sob um sistema de precedentes vinculantes têm um incentivo ainda maior para tomar cuidado na formulação de suas opiniões, apresentando uma *rationale* adequada para as suas decisões.

C. OPERACIONALIZAÇÃO DOS PRINCÍPIOS DO *STARE DECISIS*

Como afirmado anteriormente, o *stare decisis* é mais uma arte do que propriamente uma ciência. Ainda assim, existem muitos fatores relevantes a verificar para que um precedente seja considerado vinculante ou não. Esta é a questão central na análise do *stare decisis*: Em quais casos anteriores, se existir algum, uma Corte deverá basear-se? Essa decisão que uma Corte é compelida a seguir é chamada de autoridade vinculante, obrigatória ou controladora. Na ausência de tal autoridade, uma Corte dos Estados Unidos deverá considerar outra autoridade, não vinculante ou meramente persuasiva. Seguem-se alguns dos fatores que determinam se um precedente é ou não vinculante:

1. A similaridade das questões legais apresentadas;
2. A relação entre a Corte que decidiu o caso anterior e a Corte que está se confrontando com a questão similar atualmente;
3. A similaridade dos fatos apresentados;
4. Se o princípio legal sob o qual o caso anterior é citado como precedente é uma declaração da Corte (*dictum*) oposta como sendo parte do *holding* dela.

1. A questão legal apresentada

Uma questão central que deve ser considerada em qualquer análise sobre o *stare decisis* é saber se a mesma questão legal – ou uma questão similar – foi suscitada em casos decididos anteriormente e no caso que está sendo avaliado perante a Corte. Naturalmente, se a questão legal não é a mesma ou similar, então todo o sistema do *stare decisis* torna-se irrelevante para esse caso.

2. Relação entre as cortes dos Estados Unidos

O precedente é vinculante a uma corte subsequente somente nos casos em que tenha sido decidido por uma Corte prevalente, com base em questões de hierarquia e jurisdição, sobre a Corte agora chamada a decidir um caso similar.

É apresentada a seguir uma descrição de como isso funciona no sistema de cortes federais dos Estados Unidos no que concerne às questões federais. Estas regras não refletem a única maneira pela qual um sistema de precedentes vinculantes pode ser estabelecido. As regras que são aplicadas nas cortes federais são produto de uma política específica de decisões. Certamente, outras escolhas políticas poderiam ter sido feitas, e, realmente, as regras sobre a natureza vinculante do precedente variam dentro do sistema federal e dos vários sistemas judiciais estaduais.

a. Rulings *da Suprema Corte*

Os *rulings* da Suprema Corte são vinculantes, ou possuem impacto de autoridade sobre todas as cortes federais. Isto reflete a natureza singular da Suprema Corte, a maior autoridade judicial nos Estados Unidos no que tange às questões relacionadas ao direito federal.

b. Rulings *dos tribunais de apelação*

Os *rulings* de um tribunal de apelação federal são vinculantes dentro do circuito. Isto significa que eles serão vinculantes para os grupos seguintes daquela mesma Corte e para todas as cortes distritais localizadas dentro desse circuito. Então, por exemplo, na falta de um *ruling* contrário da Suprema Corte, uma decisão do tribunal de apelação para o segundo circuito será vinculante para o tribunal de apelação para esse circuito e para todas as cortes federais distritais dentro desse mesmo circuito. Neste exemplo específico, todas as cortes federais distritais em Nova York, Connecticut e Vermont. Em termos práticos, isso significa que o primeiro grupo de qualquer tribunal de apelação a decidir uma questão relativa a uma lei federal vinculará todo o circuito, inexistindo, é claro, intervenção da Suprema Corte. Se esta intervenção não existir, o tribunal de apelação deverá realizar um *ruling en banc* para modificar a regra do circuito sobre aquela questão. Em razão de sua natureza complexa e trabalhosa, revisões *en banc* raramente são concedidas.

Entretanto, os *rulings* dos tribunais de apelação não vinculam outras cortes do mesmo tipo, nem mesmo cortes distritais em outros circuitos. Isto leva ao resultado anômalo de que regras federais podem ser interpretadas e aplicadas de formas diferentes em diferentes partes do país. Como escolha política, entretanto, é desejável ter regras diferentes em circuitos diferentes, para permitir a apreciação e experimentação com abordagens diferentes antes de a questão finalmente chegar à Suprema Corte para uma decisão de cunho nacional. De fato, a divisão de autoridade entre ou dentro dos circuitos normalmente é considerada razão fundamental para apoiar uma moção para *writ of certiorari* para a Suprema Corte.

c. Rulings *das cortes distritais*

Um *ruling* de uma corte distrital é vinculante somente com relação às partes que estejam perante essa corte no caso em questão, não sendo vinculante em nenhuma outra corte ou nem mesmo dentro dessa mesma corte. Uma corte distrital deve, evidentemente, consultar decisões da sua própria corte e de outras cortes, na falta de autoridade controladora. Porém, na ausência de uma autoridade obrigatória, as cortes distritais podem alcançar por si próprias um *holding* contrário ao das demais cortes distritais que tenham decidido a mesma questão legal, e normalmente o fazem.

3. Fatos

A doutrina do *stare decisis* está baseada na fundamental e implícita similitude entre casos e também no pressuposto de que casos semelhantes devem ser resolvidos de formas semelhantes. Pelo fato de as cortes nos Estados Unidos serem requeridas, por motivos constitucionais e de prudência, a fundamentar os seus *rulings* nos fatos específicos apresentados pelas partes, as decisões delas não buscam construir uma regra que possa ser aplicada a todos os fatos que possam conectar-se a uma questão legal (mesmo que isto seja teoricamente possível). E, considerando que fatos advindos de casos diferentes são incomuns ou raramente são os mesmos que os fatos de um caso anterior envolvendo outras partes, as cortes devem procurar determinar quais fatos foram relevantes para a definição dos resultados nos casos já decididos. Elas possuem considerável discricionariedade para determinar o objetivo dos casos anteriormente decididos, a amplitude ou exatidão com a qual será interpretada a decisão anterior. Será interpretada de forma mais abrangente para um conjunto de fatos muito além daqueles apresentados em um ou mais casos anteriores? Ou a corte vai analisar o precedente de maneira mais restritiva para aplicar somente a um conjunto específico de fatos apresentados no caso anterior*? Ou, ainda, os fatos ficarão em uma posição intermediária, que permita que a corte exercite a sua discricionariedade para alcançar a decisão que busca? Realmente, os advogados nos Estados Unidos gastam muita energia tentando distinguir os fatos do precedente que eles desejam que a corte não aplique e, analogamente, os fatos do seu caso dos fatos de um precedente favorável, buscando convencer a corte a aplicar tal precedente aos fatos apresentados.

4. *Holding vs. dictum*

As cortes dos Estados Unidos em geral limitam suas decisões aos fatos apresentados para um caso em particular. *Dicta* são pronunciamentos judiciais que vão além dos fatos ou questões legais trazidos à corte pelas partes. Uma corte já se referiu à *dicta* como sendo nada mais do que "observações vagas". A *dicta* não deve ser considerada parte do *holding* da corte, sob o argumento de que tais questões não devem ter sido objeto da consideração completa da corte durante a argumentação adversarial entre as partes. Ela não

---

* Existe uma tendência de que a própria corte responsável pelo julgado vinculante anterior opte, em um segundo caso semelhante, por melhor desenhar o julgado, de maneira que agregue outros fundamentos e implicações que acabam, via de regra, restringindo o alcance efetivo do julgado anterior, ou seja, os precedentes são fixados de maneira ampla e abrangente, para assegurar à corte uma boa dose de liberdade na decisão dos casos futuros. Essa tendência tem sido criticada por parte da doutrina norte-americana – corrente dita minimalista –, a qual sustenta que o precedente deve ser restrito, sem a ambição de regular casos futuros de forma abrangente. (N. do R. T.)

é parte do *holding* da corte e, tecnicamente, não merece possuir eficácia do *stare decisis* ou efeito de precedente.

Entretanto, nem sempre é fácil determinar o que é *dictum* e o que é parte do *holding* ou da *rationale* da corte. As partes normalmente apresentam argumentos contrários sobre o que constitui o *dictum* e o que constitui parte do *holding* ou da *rationale* da corte e, portanto, carregados de efeito do *stare decisis*. Ainda, mesmo quando as declarações das cortes podem ser tecnicamente vistas como *dicta,* uma corte subsequente pode dar a elas efeito vinculante, caso tenham sido atentamente consideradas e não constituam simples observações realizadas pela corte anterior.

* * *

Nesse aspecto, supõe-se que o efeito do *stare decisis* de um caso é mais forte quando grande número de precedentes suporta os mesmos princípios de direito[4]. Por outro lado, uma legalidade material (*rule of law*) anunciada ou aplicada somente a um único precedente produzirá um efeito do *stare decisis* bem mais fraco. Tal questão faz sentido do ponto de vista teórico e prático: uma regra legal bem estabelecida, que tenha sido aplicada a diversos cenários fáticos, implica que os fatos operacionais serão mais difíceis de distinguir. Uma regra de direito (*rule of law*) recentemente apresentada e aplicada somente a uma ou a algumas variações fáticas poderá ser mais facilmente distinguida pelas cortes em casos subsequentes*.

D. SOBREPONDO (*OVERRULING*) O PRECEDENTE

O s*tare decisis* é visto como uma tendência a seguir casos similares anteriormente decididos, e não como uma re-

---

4. O termo "superprecedente" tem sido utilizado para definir um precedente que tenha sido reafirmado várias vezes.

* O termo "distinção" é aqui utilizado pela autora como a técnica empregada pelas cortes para definir se o caso atual é atraído pela força gravitacional do precedente, ou seja, se existe semelhança fática e jurídica entre os dois casos. (N. do R. T.)

gra inflexível. Enquanto as cortes inferiores estão limitadas por precedentes aplicáveis decididos por cortes com força para vinculá-las, essas cortes devem sobrepor seus próprios precedentes. A Suprema Corte declarou:

> A doutrina do *stare decisis* é de fundamental importância para a "legalidade material" (*rule of law*), (mas) nossos precedentes não são sacrossantos. Já sobrepusemos decisões anteriores nas quais a necessidade e a propriedade de fazê-lo foram definidas.[5]

É importante levar em consideração que as cortes normalmente relutam em revogar as próprias decisões, pelas mesmas razões por que a doutrina do *stare decisis* mostra-se, antes de tudo, tão atraente: pela eficiência, imparcialidade e previsibilidade. Em coerência com a posição de não revogar precedentes, a corte prefere distinguir o precedente a partir dos fatos a revogá-lo quando a sua aplicação puder resultar em injustiça ou for indesejável. É mais comum que as cortes realizem a distinção do precedente a partir dos fatos, recusando-se a aplicá-lo, do que ter que encarar uma explícita revogação do precedente. Algumas vezes, uma corte vai implicitamente revogar decisões anteriores, o que exige uma leitura atenta e uma análise criteriosa para determinar se ela realmente agiu assim. Atos de revogação do precedente já foram até mesmo identificados em notas de rodapé de opiniões, embora, felizmente, isso seja raro.

Ainda, as cortes, de tempo em tempo, explicitamente revogam decisões anteriores. Deste modo, o *stare decisis* permanece sendo um princípio, e não uma regra imutável. A Suprema Corte pode (e tem feito isso) revogar as suas decisões anteriores. Os tribunais federais de apelação também podem revogar as próprias decisões, mas somente a partir de uma revisão *en banc*.

Quando a Suprema Corte revogará o seu próprio precedente?

---

5. *Ring v. Arizona*, 536 U.S. 584, 587 (2001) (citações internas foram omitidas).

Primeiro, a corte estará mais propensa a sobrepor a si própria em uma questão de natureza constitucional do que infraconstitucional. Por quê? Pelo fato de o Congresso ter aquiescido com a interpretação dada pela corte a uma norma infraconstitucional, se ele não promove ações para emendar a norma no que diz respeito à interpretação a ela dada pela corte. E, em razão de o Congresso ter o poder de desfazer a interpretação dada pela Suprema Corte a uma lei federal, não fazê-lo é considerado um sinal legislativo de que concorda com a interpretação da corte. Decisões judiciais que viessem a ter o efeito de revogar as decisões anteriores seriam consideradas inconsistentes com o espírito da doutrina de separação de poderes.

Mas, em termos de normas constitucionais, a ação do Congresso de desfazer a decisão da Corte não é possível. Isto porque o procedimento de emenda à Constituição é tão penoso, e foi exercitado tão poucas vezes, que a própria corte assume o dever de corrigir erros judiciais ao interpretar ou aplicar direitos constitucionais, e isto tem sido feito quando necessário. Segundo, a Suprema Corte tem insistido em algumas considerações pragmáticas ou prudentes para revogar os seus próprios precedentes e tem indicado os seguintes fatores a considerar:

1. As regras mostraram-se impossíveis de aplicar na prática.
2. A regra está sujeita a um tipo de condicionante que trará uma dificuldade ou iniquidade se for revogada.
3. Um princípio legal sofreu tantas mudanças que transformou a regra antiga em nada além de uma "reminiscência de uma doutrina abandonada".
4. Os fatos mudaram tanto, ou passaram a ser interpretados de forma tão diferente, que a norma original perdeu uma aplicação ou justificativa significativa[6].

---

6. *Planned Parenthood of Southeastern, Pa. v. Casey*, 505 U.S. 833, 854 (1992).

Capítulo VI
Litigância e outros procedimentos de solução de controvérsias

I. INTRODUÇÃO

A sociedade norte-americana é bastante litigante, embora a litigância judicial não seja a única maneira pela qual questões legais são resolvidas. As controvérsias, nos Estados Unidos, costumam ser solucionadas de diferentes modos, não somente pela litigância em juízo. Grande número de disputas civis e criminais é resolvido por acordos entre as partes.

Neste capítulo serão discutidos os procedimentos de solução de controvérsias nos Estados Unidos, a litigância judicial e outras alternativas nos contextos civil e criminal, incluindo os procedimentos de apelação. Também será abordada a importância do acordo entre as partes (*settlement*) para o sistema jurídico norte-americano. As especificidades tratadas neste capítulo estão relacionadas às regras aplicadas no sistema federal. Os estados empregam procedimentos distintos, mas muito similares, em seus aspectos fundamentais, àqueles do sistema federal.

II. NOTAS SOBRE ACORDOS E TRANSAÇÕES

A grande maioria das disputas, nos Estados Unidos, é resolvida por meio de acordos entre as partes. A estimativa é que mais de 90 por cento das disputas cíveis são resolvidas dessa maneira. Um percentual similar de casos criminais é resolvido a partir de transação. Realmente seria muito difícil, se não impossível, para o funcionamento do sistema jurídico norte-americano se um grande percentual de disputas não fosse resolvido antes de um julgamento formal.

O acordo pode ocorrer a qualquer momento da disputa: antes mesmo de uma queixa formal ser apresentada perante a corte até o momento do julgamento. Acordos prévios, é claro, são uma ferramenta muito mais eficiente para o sistema jurídico e também para as partes. A maioria dos acordos ocorre após a realização de algumas investigações dos fatos. Como será discutido adiante, um dos benefícios do modelo norte-americano de descoberta de fatos (*discovery*) antes de um julgamento é que incentiva acordos inteligentes e eficientes*. Juízes das cortes de julgamento normalmente exercem importante papel ao ajudar as partes a descobrir como um acordo pode ser alcançado.

III. RESOLUÇÃO ALTERNATIVA DE CONTROVÉRSIAS

A. INTRODUÇÃO À RESOLUÇÃO ALTERNATIVA DE CONTROVÉRSIAS

A resolução alternativa de controvérsias (*alternative dispute resolution* – ADR) refere-se a uma série de procedimentos que fornecem alternativas ao sistema de ações em juízo. Esses procedimentos proporcionam benefícios ao sistema e às partes e ultimamente vêm se tornando cada vez mais comuns. Mecanismos de ADR incluem a mediação e a arbitragem, embora vários mecanismos e abordagens possam ser incluídos no conceito de ADR.

B. MEDIAÇÃO

A mediação é um processo facultativo e eletivo, pelo qual um terceiro imparcial facilita as negociações entre as partes,

---

* Essa fase de prospecção da prova (*discovery*) é considerada a etapa mais importante do processo em juízo nos Estados Unidos, e, na maior parte dos casos, o juiz funciona apenas como um árbitro entre elas na produção das provas. (N. do R. T.)

a fim de ajudá-las a chegar a um acordo. Algumas cortes atualmente consideram a mediação obrigatória para os advogados e até mesmo para as partes. Essas pessoas são solicitadas a comparecer perante um mediador escolhido pela corte para tentar resolver a contenda mediante acordo. Nas cortes federais, juízes não togados normalmente atuam como mediadores. Além da mediação judiciária, existem diversos serviços de mediação privada que as partes podem contratar na tentativa de resolver suas controvérsias. A mediação é benéfica em particular às partes que queiram resolver suas controvérsias de forma rápida e privada e com um custo bem mais baixo do que outros mecanismos normalmente utilizados, sendo aconselhável em questões de família e relações pessoais. Em última instância, o sucesso da mediação depende diretamente das partes. Embora ela normalmente resulte em um acordo, por vezes nenhum resultado, ou um resultado modesto, é conseguido para a resolução da controvérsia.

C. ARBITRAGEM

A arbitragem, assim como a litigância, é um processo judicante, mas difere dela fundamentalmente pelo fato de ser privada, e não pública*. Na arbitragem, o árbitro ou um grupo de terceiras pessoas neutras avalia as questões apresentadas por cada uma das partes e, aplicando os parâmetros legais relevantes ao caso, emite uma decisão no que tange ao mérito do caso.

O processo de arbitragem costuma ser empregado quando as partes concordam em utilizá-lo para a solução de controvérsias. Elas podem chegar a um acordo para empregar esse método antes ou mesmo depois de estabelecida a lide que se busca dirimir. Nesse sentido, segue um exemplo muito comum de arbitragem encontrado em contratos comerciais nos Estados Unidos:

---

* No presente caso, o termo litigância pressupõe a participação direta do poder público na resolução de controvérsias. (N. do T.)

Qualquer controvérsia ou pedido proveniente do, ou relativo ao, presente contrato, ou qualquer violação deste, deverá ser solucionada por arbitragem vinculante, de acordo com as regras de arbitragem comercial da Associação Americana de Arbitragem, e o julgamento do mérito deverá ser realizado em qualquer Corte que possua jurisdição para tanto.

Logicamente, as partes não são obrigadas a aceitar que a arbitragem corra de acordo com as normas da Associação Americana de Arbitragem ou qualquer outro organismo arbitral. Se tais normas não forem mencionadas, no próprio contrato deverão ser indicadas as regras que determinarão o procedimento arbitral, como o número de árbitros, como estes serão selecionados e quais as qualificações deles exigidas, quais poderes terão, qual será a lei aplicável, onde a arbitragem ocorrerá. Outros procedimentos, como a extensão e o processo de investigação, podem ser acordados entre as partes ou deixados a cargo dos árbitros. Em grande medida, os procedimentos na arbitragem tendem a ser mais flexíveis do que os procedimentos aplicados nas cortes, onde os juízes estão vinculados a rígidas regras procedimentais e probatórias.

A menos que sejam especificados como não vinculantes, os acordos de submissão à arbitragem são tratados como vinculantes, havendo poucos e limitados direitos de recurso em relação às decisões arbitrais. A política judicial de respeito às decisões arbitrais é consideravelmente robusta, e decidir a resolução de uma disputa por meio da arbitragem também afasta o direito de litigar perante uma corte estadual. De acordo com o Ato Federal de Arbitragem (*Federal Arbitration Act*) de 1925, uma decisão arbitral somente poderá ser questionada perante uma corte estadual em bases muito restritas, argumentando que a arbitragem foi procedida viciada por corrupção, fraude ou meios indevidos; que um ou mais árbitros não foram imparciais ou foram corrompidos; que os árbitros foram acusados de má conduta de natureza grave ou excederam seus poderes. Em regra, a decisão arbitral não será desconsiderada mesmo que o árbitro cometa um erro de fato ou de direito.

D. BENEFÍCIOS DOS MECANISMOS ADR

Alternativas à litigância vêm sendo apregoadas em razão das várias vantagens que oferecem com relação a ela. Primeiro, poupam tempo e dinheiro. Segundo, pelo fato de os métodos alternativos serem menos formais do que a litigância, podendo acontecer sem a presença de um júri, podem ser finalizados de forma mais rápida e, em consequência, menos custosa.

A arbitragem também permite às partes certo controle sobre o processo de resolução de controvérsias. Os processos de litigância perante cortes estaduais, como será discutido mais detalhadamente a seguir, são limitados por um conjunto de regras de procedimento e probatórias, sendo controlados pela discricionariedade jurisdicional. Por sua vez, a arbitragem oferece às partes a oportunidade de contribuir para as regras procedimentais e probatórias que irão dirigir os procedimentos. Tal fato não somente permite a utilização de procedimentos que façam sentido no contexto de uma disputa em particular, como também dá às partes um senso de responsabilidade pela disputa que pode agilizar o resultado final. Na mediação, cabe a elas decidir se haverá acordo e em quais moldes ele ocorrerá.

Dependendo da natureza do procedimento e do acordo entre as partes, os métodos alternativos também oferecem privacidade e confidencialidade, o que não ocorre nos casos de litigância, pois as informações da corte normalmente são públicas. Por variadas razões, uma ou mais partes em uma disputa podem preferir manter as informações em regime de privacidade, um objetivo que pode ser atingido de modo mais eficaz utilizando métodos alternativos de resolução de controvérsias.

Finalmente, métodos alternativos podem oferecer um processo mais harmonioso para a solução de controvérsias, o que por si só traz numerosas vantagens, incluindo menores prejuízos às relações pessoais e comerciais entre as partes.

IV. LITIGÂNCIA CIVIL

A. INTRODUÇÃO

As regras de processo civil nos Estados Unidos são extremamente complexas. O processo civil, nas cortes federais, é determinado por grande e variado número de regras. As regras federais de processo civil e as regras federais em matéria probatória são as mais importantes. Estas e outras regras da corte federal são promulgadas pela Suprema Corte, sob aconselhamento da Conferência Judicial dos Estados Unidos, que é o corpo político do Judiciário federal. As regras têm efeito após revisão congressual e possuem a mesma força que as leis aprovadas pelo Congresso.

As regras federais de processo civil referem-se a questões processuais em matéria cível perante as cortes federais, e as regras federais em matéria probatória, à admissibilidade de provas perante essas cortes. Cada corte distrital também tem as próprias regras processuais, as quais complementam as regras federais. Os juízes também podem ter regras particulares, que são aplicáveis às partes. O juiz presidente também poderá emitir ordens em casos específicos, que serão aplicáveis às partes nesses casos.

Cada estado possui um conjunto de normas processuais e probatórias que determinam e limitam as condutas perante as cortes do estado.

B. OS ATORES: O PAPEL DAS PARTES, DOS ADVOGADOS, DO JUIZ E DO JÚRI

Os atores, na litigância civil, são as partes, os advogados, o juiz e o júri. Com exceção do júri, esses atores são familiares aos advogados de outros sistemas legais. Entretanto, o seu papel e as suas inter-relações são muito distintos no sistema jurídico norte-americano, e, é claro, o júri impõe outra dinâmica à solução de disputas.

1. As partes e seus advogados

Há alguns aspectos dignos de nota acerca do papel do cliente e dos advogados, bem como do relacionamento entre eles, de acordo com o sistema jurídico dos Estados Unidos.

a. O sistema adversarial e a importância das partes/advogados

O sistema norte-americano é adversarial. Nele, as partes e os seus advogados têm a responsabilidade de definir as questões litigiosas a fim de conduzir a investigação fática de pré-julgamento e a apresentação de provas perante aqueles que irão decidir a causa. O sistema baseia-se nas partes e seus advogados porque se acredita que o confronto entre as partes perante a Corte permite que seja revelada a verdade dos fatos e que a questão seja resolvida. Como resultado desse sistema, os advogados que atuam com cuidado em relação aos seus clientes são vistos como grandes responsáveis pelo resultado do caso em questão. O advogado, como representante legal do cliente, tem a obrigação ética de apresentar-lhe alternativas para a solução da controvérsia e de dar-lhe aconselhamento e informações. Em última análise, as decisões sobre como proceder pertencem ao cliente.

b. Honorários contingenciais possíveis

Os advogados podem cobrar seus honorários dos clientes segundo um acordo contingencial. Por esse acordo, os honorários dependem do resultado do julgamento ou acordo. No caso de vitória do cliente, o advogado subtrairá as custas e receberá um percentual do valor recebido pelo cliente. No caso de insucesso, nada receberá. Esse tipo de cobrança permite que pessoas de baixa renda tenham acesso às cortes.

A maioria dos casos levados às cortes envolvendo um contrato de honorários contingenciais é objeto de acordo. Os advogados que concordam em representar seus clientes nessas bases são hábeis em avaliar a força do caso e somente escolhem aqueles que realmente possam ter algum mérito.

O percentual pago aos advogados varia de jurisdição para jurisdição e de acordo com a natureza do caso. Nos casos de indenização por danos pessoais, a taxa mais comum é de um terço. Os honorários de advogados que representam reclamantes contra a União são limitados, por regulamento, a uma taxa de 25 por cento. Normalmente, honorários de contingência que ultrapassem a taxa de 50 por cento são considerados ilegais. A maioria dos estados não permite acordos de honorários contingenciais em alguns tipos de casos, como os que envolvem direito de família ou defesa na esfera criminal.

Honorários contingenciais são comumente utilizados em litigância de indenização por danos pessoais, ou em ações derivadas de questões societárias, fraude de títulos e litigância concorrencial.

c. Vedação de honorários de sucumbência pela parte perdedora

Contrariamente à maneira como os honorários são cobrados na maioria dos sistemas legais, há uma regra geral de não sucumbência à parte perdedora, o que quer dizer que cada parte deve pagar os próprios honorários advocatícios, independentemente de quem sair vencedor. A parte perdedora deve pagar algumas custas processuais que em geral são muito baixas e não estão de forma alguma ligadas ao valor da causa, como é comum em vários países.

Logicamente, existem exceções a essa regra geral. O Congresso, por meio de lei, estabeleceu a cobrança de honorários da parte perdedora em casos específicos. Legislação similar existe em muitos estados. De acordo com essa determinação legal, essa forma de cobrança de honorários é utilizada como um incentivo aos reclamantes e seus advogados a trazer certos tipos de casos em que a própria indenização não constitui incentivo suficiente. As cortes também têm o poder de invocar que a parte perdedora pague os honorários da parte vencedora, mas raramente esse poder é invocado.

2. O juiz

O juiz de júri tem um papel relativamente neutro na solução de um caso. Não lhe cabe determinar questões legais. Ele também está, em grande medida, ausente do processo de investigação fática e não promove nenhuma investigação independente. De modo geral, o juiz não participa ativamente da apresentação de provas pela inquirição de testemunhas ou de qualquer outro modo. A sua função principal é determinar a ordem que o processo irá respeitar para a solução do caso; incentivar as partes a fazer acordos ou usar quaisquer métodos alternativos de solução de controvérsias; decidir sobre a admissibilidade de provas antes e depois do julgamento; participar da inquirição dos possíveis jurados e do processo de seleção do júri; manter a ordem na sala de julgamento; estabelecer diretrizes acerca das questões legais; instruir o júri sobre os limites legais que deve respeitar durante as deliberações para chegar a um veredito.

Contudo, não se pode afirmar que o juiz, no sistema jurídico dos Estados Unidos[1], não tem poder, porque, em razão do poder dos precedentes e do *stare decisis* e, em especial, do papel da revisão judicial[2], os juízes, em especial os de tribunais de apelação, têm grande importância em casos específicos e no desenvolvimento do direito no país. O que pode faltar, em termos de controle direto sobre provas e evolução dos julgamentos, certamente é compensado pelo exercício do poder discricionário dos juízes nos casos e pela sua influência sobre o desenvolvimento do direito.

3. O júri

a. Introdução ao sistema de júri

O júri é um importante e interessante fenômeno no direito norte-americano. Ele é encarregado de realizar determinações de fato em julgamentos civis e criminais, o que

---

1. Ver Capítulo V.
2. Ver Capítulo III.

inclui decisões sobre responsabilização, mas também sobre a extensão do dano, se houver, a ser compensado em casos de natureza civil.

O direito de julgamento por júri nos Estados Unidos, na maioria dos julgamentos cíveis e criminais, está profundamente arraigado na história e na Constituição do país, sendo considerado central na noção do devido processo fundamental. A sexta emenda determina que todos os acusados em processos criminais têm direito ao aconselhamento legal e que este deve ser disponibilizado em favor daqueles que não podem arcar com as custas do seu próprio advogado. A sétima emenda garante o direito a julgamento por júri na maioria dos casos cíveis federais, com exceção dos casos trazidos por equidade, tais como as ações envolvendo direito marítimo e as medidas cautelares. Previsão semelhante pode ser encontrada na Constituição dos cinquenta estados.

O júri possui um papel muito importante no processo judicial nos Estados Unidos. A sua função é avaliar a prova apresentada no julgamento e decidir os fatos em disputa. O júri que atua como um analista de fatos é conhecido como um *petit jury*, o qual é diferente do *grand jury*, utilizado em casos de natureza criminal. Quando se fala simplesmente em júri, em geral se está fazendo referência a um *petit jury*. Se as partes não pedirem um julgamento por júri, então o juiz decidirá as questões de direito e fáticas no que é chamado de *bench trial*.

b. Vantagens e desvantagens

O sistema de júri utilizado nos Estados Unidos possui algumas vantagens e desvantagens, como será mostrado a seguir.

(1) Vantagens do sistema de júri

Muitas vantagens são atribuídas ao sistema de júri, entre elas: a) aumenta a possibilidade de acordo; b) promove confiança no sistema; c) permite a participação ativa do público na administração da justiça.

(a) Aumenta a possibilidade de acordo

O fato de os júris serem caros e demorados tem sido usado para incentivar acordos e pode ser responsável pelo alto número de acordos obtidos em casos civis e criminais nos Estados Unidos. A preocupação com uma atuação irracional do júri provavelmente é superestimada, mas o risco de um júri imprevisível é tido como um incentivo ao acordo. Como já mencionado, o custo de um julgamento por júri também pode funcionar como indutor do acordo.

(b) Confiança no sistema

O direito a um julgamento por júri corrobora a grande noção democrática de que as pessoas devem ser julgadas por seus pares. Por essa razão, os membros do júri são selecionados na comunidade na qual o julgamento ocorrerá. O fato de a administração da justiça ser realizada pelos próprios pares daquele que está sendo julgado, em vez de ser feita por juízes profissionais, que podem estar distantes do povo, dá ao sistema grande credibilidade e confere alta confiança nos resultados alcançados.

(c) Participação pública na administração da justiça

O sistema de júri nos Estados Unidos permite considerável participação do público na administração da justiça. Francis Lieber, um filósofo-político muito conceituado, notou muito bem isso quando afirmou que o sistema de júri "emana confiança" no direito e no sistema jurídico. Ao dar ao cidadão "constante e renovada participação em um dos mais importantes temas públicos, vincula o cidadão ao crescente espírito público para o governo do seu bem comum"[3].

(2) Críticas ao sistema de júri

O sistema de júri tem sido muito criticado, por diferentes motivos: a) adiciona custos e produz atrasos nos julga-

---

3. Francis Lieber, *On Civil Liberty and Self Government* 235-37 (2. ed., 1874).

mentos; b) a presença do júri impõe certa inflexibilidade ao processo de julgamento; c) os júris não podem ser considerados confiáveis no que diz respeito ao alcance de uma decisão racional, sobretudo nos casos mais complexos e de alto conteúdo emocional.

(a) Tempo e custo

A presença de um júri, em um grande número de casos de natureza civil, aumenta o tempo necessário e os custos demandados para levar o caso a julgamento. Primeiro, deve ser escolhido um júri para cada caso, um procedimento que envolve cada parte e, em geral, o juiz e outros oficiais da justiça. Segundo, uma prova, para ser confiável, deve ser apresentada de maneira mais lenta e formal quando a avaliação fática é feita pelo júri. A presença de um júri também significa que o juiz deve formalmente instruí-lo no que concerne à lei aplicável. Esta pode ser uma missão muito difícil, dependendo da natureza do caso e das questões legais envolvidas. Finalmente, as deliberações do júri podem demorar bastante até que um veredito seja alcançado. A necessidade de um veredito unânime em muitos casos de natureza civil (dependendo da jurisdição) pode resultar em atraso na sua apresentação. Há também a possibilidade de anulação do julgamento, seja por algum vício processual insanável ou simplesmente porque o júri não conseguiu alcançar um veredito (conhecido como júri pendente, *hung jury*). De qualquer forma, a anulação de um julgamento demanda um novo julgamento, o que promove atrasos e maiores custos.

(b) Rigidez de procedimentos

A presença do júri significa que os julgamentos nos Estados Unidos constituem como eventos concentrados. Embora eles possam se prolongar por semanas ou até meses, o julgamento ocorrerá de modo contínuo do começo ao fim. Isso contrasta fortemente com a experiência de outros países, onde os julgamentos acontecem de forma aleatória ou em dias não consecutivos ao longo de um período que pode durar meses.

A presença do júri também demanda o respeito a procedimentos rígidos. Como já mencionado, a presença de um júri de julgamento exige aderência às regras probatórias. Ainda, devem ser realizados ajustes entre os advogados e o juiz, longe da presença do júri.

(c) Processo irracional de tomada de decisões

Talvez a maior crítica ao sistema de júri seja a de que um júri leigo está mal equipado para tomar decisões fáticas em casos complexos e de que o uso do júri normalmente produz resultados irracionais. As decisões do júri podem também ser duvidosas quando envolvem questões com alta carga emocional. A esmagadora maioria dos estudiosos do direito acredita que essa crítica é exagerada. Alguns têm a preocupação de que os membros do júri sejam indevidamente influenciados por paixões e outros fatores que não deveriam formar a base para uma decisão.

C. PANORAMA DA LITIGÂNCIA CIVIL

Um processo em matéria civil é trazido pelo reclamante contra o reclamado e tem início com a apresentação de uma queixa perante a Corte. Outras partes também podem estar envolvidas no litígio. Casos em matéria civil podem ser propostos por ou contra corporações, as quais são tratadas como entidades legais separadas, de acordo com o direito norte-americano. O sistema civil dos Estados Unidos luta para equilibrar os conflitantes interesses de eficiência e economicidade, por um lado, e a justiça substancial, por outro.

A litigância civil no país envolve um processo contínuo de afunilamento das questões que permanecem em disputa entre as partes. Nos itens que se seguem, são apontadas as inúmeras oportunidades para as partes e o juiz limitarem questões fáticas e legais que permaneçam em disputa.

1. Iniciando a litigância: considerações preliminares

Antes de apresentar uma queixa (peticionar), o requerente deve considerar onde fazer isso. São três as possibilidades: jurisdição subjetiva (*subject matter jurisdiction*), jurisdição pessoal do acusado (*personal jurisdiction*) e foro. Outra questão é a escolha da legislação aplicável. Estas questões foram discutidas de forma mais detalhada no Capítulo III.

2. O pedido do reclamante (a petição inicial)

Um processo civil em âmbito federal tem início com a apresentação do pedido (*pleading*) por meio de uma petição ao oficial do cartório da Corte distrital. As regras federais de processo civil regulam a forma de peticionar e outros pedidos realizados perante uma Corte federal[4].

Essas regras exigem somente "notificação do pedido", o que significa que nele apenas se deve notificar a parte oposta das alegações contra ela. O reclamante define as alegações básicas que serão o fundamento do seu pedido contra o reclamado. O pedido (petição) incluirá uma declaração sobre as bases da jurisdição material e da jurisdição da Corte sobre o reclamado; uma declaração de foro; alegações fáticas básicas que sustentem o pedido; o motivo de pedir contra o reclamado; e as medidas judiciais buscadas pelo reclamante. Cada alegação contida na petição inicial deve ser apresentada em parágrafos separados e numerados. O reclamante deve realizar uma demanda por escrito para um julgamento por júri, tendo em vista resguardar este direito. Essa demanda costuma ser feita na petição inicial, mas pode ser realizada dentro do prazo de dez dias após a última petição apresentada com relação ao reclamante.

Além da apresentação de pedido perante a Corte, o requerente deve formalmente apresentá-lo ao reclamado, embora este possa renunciar à formalidade. Uma citação tam-

---

4. O pedido (*pleading*) é o documento formal que define a natureza fática e legal do caso. Em um caso simplificado, a petição é limitada à reclamação e à resposta. De acordo com a regra 11 das regras federais de processo civil, a assinatura de um advogado constitui a certificação de que ele leu o pedido; que, pelo seu maior conhecimento, as alegações apresentadas são factualmente corretas e legalmente justificáveis; que a sua apresentação não está sendo realizada por nenhum motivo indevido, tal como acossar o reclamado. A corte pode ordenar medidas apropriadas contra um advogado ou parte que violem essa regra.

bém deve ser apresentada ao reclamado para que este receba notificação formal de um processo que exige a sua resposta formal com relação ao pedido formalizado. A regra 4 das regras de processo civil apresenta orientações para os procedimentos de citação e petição. A orientação geral é que o procedimento deve dar ciência razoável para possibilitar ao reclamado tomar conhecimento de um processo existente contra ele.

Uma ressalva deve ser feita às ações de classe (*class actions*) existentes no direito dos Estados Unidos. Em uma ação de classe, ou coletiva, um grande grupo de indivíduos (classe) apresenta-se como representante em favor de uma classe de requerentes em situação similar que alegadamente sofreram o mesmo dano, proveniente dos mesmos atos perpetrados pelo reclamado. As partes somente poderão entrar com uma ação de classe se houver uma ordem da Corte para que o caso corra dessa maneira. Uma classe será certificada como tal segundo a regra 23 das regras de processo civil apenas depois de a Corte definir que: a) a classe é numerosa (abrangente); b) há questões de direito e fatos comuns à classe; c) os requerimentos e as defesas dos representantes de classe são os mesmos dos membros da classe (grupo); d) as partes representantes protegerão, de maneira justa e precisa, os interesses da classe que estão representando. A Corte também deve determinar que manter a ação como ação de classe é preferível a desmembrar o processo em ações de cada membro da classe.

3. Resposta do reclamado à petição inicial

O reclamado deve responder à petição inicial apresentada pelo reclamante dentro de um período determinado de tempo, após tomar conhecimento da existência do pedido ou do protocolo. Ao responder, o reclamado tem duas opções: a) apresentar uma contestação; ou b) apresentar uma moção para que o pedido seja desconsiderado. Se o reclamado não responder dentro do prazo estabelecido pelas regras federais de processo civil, poderá ocorrer um julgamento à revelia, que se trata de uma ordem judicial favorável ao autor pelo fato de o reclamado não ter comparecido à Corte para contestar as alegações apresentadas contra ele.

a. Resposta

Responde ao pedido inicial, no que diz respeito ao seu mérito e, parágrafo por parágrafo, a cada alegação realizada na petição inicial. O reclamado deverá manifestar se admite ou nega cada alegação, ou declarar que não possui informações suficientes para poder admitir ou negar as alegações apresentadas.

A resposta do reclamado deverá apresentar qualquer defesa afirmativa que ele tenha com relação ao reclamante (autor). Uma defesa afirmativa é qualquer base de defesa em que os argumentos do reclamado prevalecem, mesmo que as alegações apresentadas pelo reclamante tenham fundamento. Por exemplo: uma defesa afirmativa poderia alegar que as limitações legais exauriram a ação do reclamante.

Um resposta pode conter um contrapedido, ou um pedido contraposto (*counterclaim*), ou um pedido cruzado (*cross-claim*).

Em um contrapedido, o reclamado aciona o reclamante em resposta à ação originária. O reclamado que apresenta um contrapedido é o reclamante contraposto, e o reclamante passará à categoria de reclamado contraposto. O contrapedido pode ser compulsório ou facultativo. O compulsório surge da mesma ocorrência que gerou o pedido do reclamante. O compulsório deverá ser realizado pelo reclamado, do contrário ele será impedido de fazê-lo em uma ação em separado*.

Um reclamado, em um caso que envolva uma série de reclamados, também poderá apresentar uma ação cruzada (*cross-claim*) contra outro reclamado. Em um pedido cruzado, um reclamado (reclamado A) pode apresentar um pedido

---

* Seria o equivalente a uma reconvenção obrigatória no direito brasileiro. (N. do R. T.)

contra outro reclamado (reclamado B), alegando que o dano ao reclamante foi causado pelo reclamado B. Este será reclamado e reclamado cruzado, ambos em uma mesma ação. O reclamado A permanecerá como reclamado na ação originária e também se tornará um reclamante cruzado contra o reclamado B.

b. Moção para desconsideração do processo

Em vez de uma resposta, o reclamado poderá apresentar uma moção para desconsideração do processo*. A regra 12b das regras federais de processo civil determina os fundamentos para um pedido de desconsideração do processo, o qual pode ser apresentado nestes casos: 1) falta de jurisdição em relação à matéria; 2) falta de jurisdição em relação à pessoa; 3) foro impróprio; 4) insuficiência da ação; 5) insuficiência da citação; 6) não apresentação de um pedido que possa ser efetivamente remediado; 7) ilegitimidade passiva ou ativa.

A defesa baseada em falta de jurisdição em relação à pessoa, foro impróprio ou insuficiência de citação preclui se não for apontada na primeira manifestação do reclamado perante a corte.

A falta de jurisdição sobre a matéria pode ser levantada a qualquer tempo e por qualquer parte, e esse é um dos raros momentos em que um juiz pode atuar à *sua sponte* (pela sua própria iniciativa, de ofício).

Uma moção pela não apresentação de um pedido que possa ser efetivamente remediado merece atenção especial. Nesse modelo de moção, o reclamado argumenta que o reclamante não apresentou uma ação que o direito reconheça e, independentemente de quais possam ser os fatos, não existe base legal para apoiar o pedido do reclamante.

Costumo imaginar esse instrumento como a moção "e daí?". Imagine que eu seja acionada pelo fato de estar usan-

---

* Muito semelhante ao pedido de extinção sem julgamento de mérito no direito brasileiro. (N. do T.)

do uma blusa vermelha. Pode haver alguma discordância se a blusa é realmente vermelha ou se é rosa ou marrom. Mas estes fatos não importam realmente. O que interessa é que o direito não reconhece uma ação com base na cor de uma blusa, independentemente da cor. Pelo fato de a lei não prever nenhuma solução para o pedido apresentado, não há razão para iniciar um julgamento baseado em questões meramente fáticas. No caso em tela, o juiz simplesmente ordenará a desconsideração do pedido.

4. Administração processual: agendamentos e outras questões que antecedem o julgamento

Recentemente, os juízes nos Estados Unidos, especialmente no âmbito federal e em alguns estados, têm assumido a responsabilidade de administrar os casos que lhes são submetidos. O controle processual (prazos, limitações legais...), antes responsabilidade das partes, agora tem se tornado uma importante área de supervisão judicial.

De acordo com as regras federais, o juiz da corte de julgamento deve manter um agendamento, uma organização que vise controlar os atos subsequentes do processo, a não ser que algum deles seja modificado por uma ordem subsequente. O agendamento serve para registrar as datas nas quais partes adicionais possam ser apresentadas ao caso ou chamadas ao processo; os pedidos possam ser emendados; as moções possam ser apresentadas; e as investigações devam ser finalizadas. A ordem de agendamento também deve definir as datas para conferências de pré-julgamento e julgamento.

As audiências de pré-julgamento podem ser simplesmente conferências *pro forma*, mas também podem incluir esforços para simplificar as questões por meio da estipulação de fatos, limitação de peritos que devem testemunhar no julgamento e resolução de questões pendentes. Tais audiências também podem incentivar acordos ou a tentativa de mediação.

5. Discovery

a. Introdução

A *discovery* é o processo pelo qual as partes aprendem ou descobrem fatos relevantes sobre os adversários ou sobre terceiras pessoas. A *discovery* de fatos pré-julgamento é uma fase do julgamento extremamente custosa e demorada que, em casos complexos, pode levar anos para ser completada.

O poder dos advogados para conduzir a *discovery* está relacionado ao direito a um julgamento por júri e à tradição adversarial do direito nos Estados Unidos. Como um júri deve ser oral e contínuo, as provas a serem apresentadas perante ele devem estar em posse dos advogados antes do início do julgamento. E, consistente com a tradição adversarial, a *discovery* em casos civis é conduzida primariamente pelas partes, em grande medida, sem a participação direta da Corte. Uma parte pode, contudo, requerer a intervenção da Corte em certas circunstâncias.

A *discovery* permite ao advogado de cada parte saber de forma mais precisa qual prova será necessária para refutar os argumentos apresentados pela parte contrária. Os procedimentos de *discovery* nos Estados Unidos possuem inúmeros efeitos práticos: reduzem o risco de surpresas indesejáveis, permitindo uma progressão mais tranquila do julgamento; aumentam a possibilidade de acordos mais bem fundamentados, uma vez que os advogados e as partes podem melhor avaliar os pontos fortes e fracos do caso dos seus oponentes e os relativos riscos e benefícios de levá-lo a julgamento; aumentam o custo do litígio judicial. Alguns afirmam que as regras abrangentes de *discovery* também aumentam a possibilidade de advogados abusarem deste processo como um mecanismo para desvelar condutas erradas de terceiros*.

---

* A expressão original da autora, *fishing expedition*, faz parte do jargão forense nos Estados Unidos e literalmente significa "expedição de pesca" ou "pescaria", ou seja, inicia-se uma ação com a finalidade de obter dados comprometedores acerca da parte adversa, uma vez que o autor tem, no sistema norte-americano, acesso praticamente indiscriminado a todos os dados e evidências que estejam em poder da parte contrária. (N. do R. T.)

b. O escopo da discovery

(1) Amplitude da permissão da *discovery*

O escopo da *discovery* nos Estados Unidos é amplo. A relevante regra federal 26 b1 prevê:

> As partes poderão obter a *discovery* referente a qualquer questão não privilegiada que seja relevante para o pedido ou para a defesa de qualquer uma das partes, incluindo a existência, descrição, natureza, custódia, condição e localização de quaisquer documentos, registros ou outras coisas tangíveis e a identidade e localização de pessoas que tenham conhecimento de qualquer questão que possa estar sujeita à *discovery*. Por boa conduta, a Corte pode ordenar a *discovery* de qualquer questão relevante à questão subjetiva envolvida na ação. Informação relevante não deve ser admissível em julgamento se a *discovery* parece razoavelmente calculada para levar à descoberta de provas admissíveis.

Essa regra está sujeita a algumas exceções, que serão mais detalhadamente examinadas adiante.

(2) Exceções da *discovery*

Há algumas limitações à *discovery* que devem recair, por outro lado, no escopo de verificações fáticas permitidas. Tal questão está relacionada à revelação de informações protegidas pelo privilégio da relação advogado/cliente ou que esteja sujeita à exceção do fruto do trabalho do advogado (*work product exception*).

(a) *Privilégio advogado/cliente*

O privilégio advogado/cliente evita a revelação de informações apresentadas pelo cliente em regime confidencial para o seu advogado como parte da relação de representação legal. O privilégio estende-se às conversas e correspondências trocadas entre os clientes e os advogados e também às comunicações entre os agentes e o advogado de um cliente. Tendo em vista proteger o privilégio cliente/advogado, a informação não deve ser revelada a terceiras pessoas às quais o privilégio não se estenda. Se os requisitos existirem, o privilégio constituirá um obstáculo absoluto contra a revelação de informações[5]. O privilégio cliente/advogado objetiva encorajar a revelação completa, por parte do cliente, ao seu advogado, para permitir que este possa melhor aconselhá-lo.

(b) Exceção do produto do trabalho
   (work product exception)

Outra significativa limitação no que tange à *discovery* é a proteção concedida ao fruto do trabalho de um advogado oponente, ou seja, o trabalho de um advogado, ou de alguém sob a sua supervisão, de preparar uma antecipação de litigância. Esta exceção à confidencialidade é vista como crítica à possibilidade de o advogado prestar serviços profissionais a um cliente. Se grande parte do material estivesse à disposição do advogado oponente, boa parte do trabalho dos advogados não estaria documentada.

Ao contrário do privilégio cliente/advogado, a exceção do produto do trabalho para revelação não é absoluta. O produto de trabalho de ordem factual pode ser submetido à *discovery* se for demonstrada uma necessidade vital. Por outro lado, quando é opinativo, ou seja, reflete as impressões subjetivas, elucubrações e estratégias do advogado, por exemplo, está quase sempre protegido.

c. Mecanismos da discovery

As regras federais de processo civil autorizam alguns mecanismos da *discovery*: 1) interrogatórios; 2) depoimentos; 3) pedido de produção documental e outras questões; 4) pedido de admissão; 5) avaliação física e/ou mental. Na maioria dos casos, as partes envolvem-se em múltiplas formas de *discovery* pré-julgamento.

---

5. Há limitações muito restritas a esse obstáculo absoluto. Por exemplo, quando um advogado sabe que o seu cliente está prestes a cometer um crime que pode provocar lesão corporal séria ou morte.

(1) Interrogatórios

Os interrogatórios consistem em perguntas escritas a que é submetida uma parte por outra que esteja em busca de *discovery*. Estas perguntas não podem ser feitas a pessoas que não sejam parte no caso. Os interrogatórios devem ser respondidos por escrito, sob juramento. Eles costumam ser utilizados nos estágios iniciais do processo, para a obtenção de informações básicas, incluindo a identificação de testemunhas que possam oferecer alguma informação relevante. Podem ajudar muito no início da identificação dos argumentos do adversário.

(2) Pedido de produção de documentos e outras coisas

Uma parte pode requerer que a parte oposta disponibilize determinados documentos e outras coisas passíveis de verificação e cópia. O direito de revisar os arquivos de um adversário inclui o direito de ter acesso a dados eletrônicos.

Normalmente, inclusive em casos que despertam grande interesse, a parte que responde ao pedido de documento convidará o advogado oponente a ir ao seu escritório inspecionar e copiar documentos relevantes. Este procedimento pode tornar-se demorado e caro para as partes que requerem a *discovery*, uma vez que o advogado normalmente verificará diversas caixas de documentos a fim de encontrar algum material relevante.

As testemunhas que não sejam parte na ação judicial não estão sujeitas a essa forma de *discovery*. Documentos em posse destas testemunhas são acessíveis por meio de uma ação de convocação específica (*subpoena process*). Por esta ordem da Corte determina-se que uma pessoa compareça ao julgamento para ser ouvida ou preste depoimento, com o objetivo de testemunhar em um caso. Uma convocação pode determinar que a pessoa produza documentos que estejam em sua posse sem ter que testemunhar. Uma convocação *duces tecum* exige que a pessoa compareça e também produza documentos.

(3) Depoimentos

Um depoimento é uma declaração juramentada realizada por uma parte, testemunha ou outra pessoa que possa ter informações sobre o caso. Durante o depoimento, o advogado que o requereu faz perguntas relacionadas ao caso ao depoente. O advogado oponente se faz presente, e o depoente também pode ter o seu próprio advogado. O testemunho é tomado sob juramento, e um oficial da Corte deverá estar presente para gravá-lo. Cada vez mais os depoimentos vêm sendo gravados por meios eletrônicos, incluindo a gravação de vídeo. Tal gravação poderá ser utilizada se a testemunha não estiver disponível para depor durante o julgamento.

O depoimento costuma ser colhido no escritório do advogado que o requereu. Se o depoente for parte ou empregado da parte, nenhuma convocação será necessária. Exige-se apenas uma notificação com antecedência ao depoente e ao advogado oponente, definindo data e local. Normalmente, a data está sujeita a negociação entre as partes.

(4) Pedidos de admissão

Pedidos de admissão requerem que a parte admita a verdade de determinados fatos se forem verdadeiros, ou que os negue se não forem verdadeiros, ou declare que a parte não possui informações suficientes para negar ou admitir os fatos em questão. A parte que recusa admitir a verdade de declarações proferidas corre o risco de pagar os custos de comprovação de qualquer fato que tenha injustificadamente se recusado a admitir.

(5) Avaliação física e/ou mental

A parte poderá conseguir uma avaliação de outra parte se a condição mental e/ou física desta for controversa e existir um bom fundamento para a avaliação. Essa forma de *discovery* pode ser invocada somente contra as partes, nunca contra uma testemunha (terceiro).

d. Prática e procedimento da discovery: *o papel da Corte*

Como verificado anteriormente, o processo de *discovery* é dirigido pela parte. O juiz possui ampla autoridade para controlar a *discovery*, um poder que se evidencia no estabelecimento, pela Corte, do tempo para que a *discovery* seja completada. Devido à tendência de a *discovery* prolongar-se demais, as cortes vêm se tornando cada vez mais vigilantes em relação aos prazos estabelecidos para a sua finalização.

As cortes também podem ser chamadas a resolver disputas entre as partes que tenham origem durante o próprio processo de *discovery*. Elas não veem com bons olhos as moções por *discovery*, e as partes são aconselhadas a resolver as disputas entre elas antes da intervenção da corte.

As disputas que podem garantir a atenção da corte em geral surgem no contexto de uma moção que visa obter uma ordem judicial, com o objetivo de compelir uma *discovery* ou uma moção a uma ordem protetiva.

(1) Moção para compelir

Uma moção para uma ordem judicial para compelir a uma *discovery* surge quando uma parte acredita que a outra parte não está respondendo ou não respondeu de modo adequado aos seus pedidos de *discovery*. A moção requer que a corte ordene à parte recalcitrante que responda aos pedidos legítimos por *discovery* apresentados pela parte contrária. Em resposta a tal moção, a corte pode emitir uma ordem judicial para que seja apresentada uma causa, determinando à parte inativa que "mostre a causa" pela qual não deveria ser demandada a responder pela *discovery* em questão.

(2) Moção para uma ordem protetiva

Essa moção é requerida por uma parte que esteja recebendo pedidos de *discovery* para que a Corte a proteja de *discovery* abusiva. A parte que apresenta tal moção normalmente argumenta que a parte oponente está em uma "empreitada no escuro", buscando descobrir por meio de uma *discovery* muito ampla alguma conduta errada da parte contrária. Uma determinação dada pela corte em resposta a tal moção pode estabelecer limites à *discovery* perseguida pela parte inativa. Uma ordem protetiva apresentada pela Corte também pode incluir uma limitação quanto a quem pode ler a informação a ser revelada ou uma ordem para que ela não seja revelada a terceiros.

6. Moções para julgamento sumário

A regra 56 das regras federais de processo civil permite que qualquer parte requeira uma moção para julgamento sumário contra outra parte.

Em uma moção para julgamento sumário, cabe ao juiz decidir o caso, ou parte dele, sem a presença do júri. Tal moção pode ser concedida quando não se controverte sobre fatos ou quando as evidências para suportar os fatos estabelecidos pela parte adversa são tão inconsistentes que nenhum júri razoável seria a seu favor. Em consequência, a moção pode ser concedida somente se não existem fatos materiais controversos ou evidências consistentes em favor da parte contrária. A corte não pode resolver sobre fatos materiais legitimamente controversos nem fazer julgamentos sobre a credibilidade de fatos razoavelmente controversos no estágio de julgamento sumário. Estas tarefas são reservadas para o momento da comprovação dos fatos durante o julgamento.

Uma moção para julgamento sumário pode ser requerida para o caso como um todo ou somente para uma parte dele. Se uma moção desse tipo é concedida para o caso como um todo, ele está encerrado, sendo concedido à parte contrária o direito de apelação contra a concessão do julgamento sumário. Se uma moção para julgamento sumário é negada, ou se é concedida somente para uma parte do caso, ocorre o julgamento. As negativas de moção para julgamento sumário são inapeláveis.

7. Outras moções pré-julgamento

Uma série de moções pré-julgamento, além daquelas já mencionadas, podem ser requeridas pelas partes. A moção mais comum é a que visa excluir determinadas provas do julgamento, normalmente conhecida como moção *in limine*. As partes em geral gostam de resolver questões atinentes a provas antes do julgamento, para evitar que o júri tenha conhecimento de provas que poderão ser consideradas inadmissíveis. Embora o juiz instrua o júri a não considerar as provas, pode ser muito complicado para este fazer isso, mesmo quando expressamente instruído a agir assim.

8. Julgamento

Os julgamentos, nos Estados Unidos, são questões distintas e isoladas, em razão da presença do júri e da necessidade de apresentar as provas sequencialmente. Também por causa do extenso sistema de *discovery* pré-julgamento, as partes podem preparar-se adequadamente para os julgamentos com antecedência, e o elemento surpresa é então reduzido de modo substancial.

Uma vez que o júri é escolhido e faz o juramento, o julgamento tem início, seguindo estas etapas: alegações iniciais realizadas pelas duas partes; apresentação das evidências do requerente; apresentação das evidências do requerido; alegações finais; acusação formal ao júri e deliberações; apresentação do veredito do júri perante a corte.

a. Escolha do júri

A participação em júri é considerada tanto uma responsabilidade como um direito do cidadão. A escolha de seus integrantes envolve diversos estágios: elaboração de uma lista de potenciais jurados; exclusão dos jurados que não são elegíveis; engajamento no processo de *voir dire*. Este processo serve para determinar se algum dos jurados não deve atuar no caso específico. Por esse processo os advogados podem eliminar potenciais jurados, baseados em recusas de indivíduos específicos.

(1) Elaboração da lista de potenciais jurados

Os jurados devem ser escolhidos a partir dos registros de votação, registros de motoristas habilitados ou por outros meios. O júri deve possuir o maior número possível de pessoas que possam participar dele, dentre os cidadãos adultos que façam parte da comunidade.

(2) Exclusões automáticas

Algumas pessoas estão sujeitas à exclusão automática da prestação do serviço de jurado. Não cidadãos, menores de 18 anos, pessoas consideradas mentalmente incapacitadas ou que não entendam nem falem de modo inteligível a língua inglesa estão automaticamente excluídas da participação em júri. Em algumas jurisdições, pessoas que tenham sido condenadas pela prática de crimes também estão automaticamente excluídas da prestação desse serviço.

(3) *Voir dire*

(a) Introdução e noções gerais

O juiz e, algumas vezes, os advogados questionarão os potenciais jurados sobre possíveis conflitos de interesses ou outras razões que possam sugerir que eles poderão atuar de modo parcial. Este processo de questionamento é conhecido como *voir dire*. Na Corte federal, o juiz controla o *voir dire*, embora requeira as considerações dos advogados para especificar as áreas relevantes para o caso em apreço. Dentre outras coisas, os potenciais jurados serão questionados sobre a sua ocupação, a sua familiaridade com a lei, a sua familiaridade com as questões atinentes ao caso, a sua relação com qualquer uma das partes, testemunhas ou advogados envolvidos no caso e sobre quaisquer sentimentos que possam dificultar sua decisão imparcial e justa no caso.

O processo de escolha do júri é considerado uma fase muito importante do julgamento. Uma crescente indústria de consultores em escolha de jurados tem surgido para auxiliar os advogados nessa tarefa. Isto acontece porque a escolha de um júri envolve questões sociológicas e estereótipos que podem estar baseados em uma série de fatores, incluindo gênero, idade, afiliação política, vida familiar, emprego e associações profissionais.

(b) Desafios aos potenciais jurados

Durante o processo de *voir dire*, os advogados têm a oportunidade de evitar que um jurado possa participar do júri para aquele caso, por meio de um sistema de desafios aos potenciais jurados. Há dois tipos de desafios permitidos: por causa e peremptórios.

(i) Desafios por causa

Um advogado poderá desafiar um potencial jurado por causa se as respostas que ele der às questões apresentadas sugerirem que não conseguirá decidir o caso de forma imparcial. Se o juiz concordar com o advogado que está arguindo o potencial jurado, este será excluído e não poderá fazer parte do júri para aquele caso em particular. Não há um limite para o número de potenciais jurados que podem ser desafiados por causa, mas os juízes podem decidir quanto concederão tais desafios.

(ii) Desafios peremptórios

Um advogado possui direito limitado de evitar que um potencial jurado faça parte do júri para determinado caso sem apresentar nenhum motivo, a não ser que o juiz determine o contrário. Cada juiz, em casos federais de natureza civil, tem direito a três eliminações peremptórias.

O propósito dos desafios peremptórios é garantir às partes alguma proteção relativamente a preconceitos arbitrários que possam ser percebidos nos potenciais jurados. Esse direito não é ilimitado, e a Suprema Corte já decidiu que ele não poderá ser exercido se estiver baseado em questões de raça, etnia ou gênero. Quando parecer que um jurado foi excluído com base nesses argumentos, o advogado poderá ser solicitado a apresentar outra justificativa para a sua exclusão.

* * *

Uma vez que os advogados tenham tido a chance de propor os seus desafios, os jurados para o caso em particular serão escolhidos entre os remanescentes. Em geral são escolhidos os primeiros doze potenciais jurados remanescentes (esse é o número de jurados que normalmente compõem o júri, mas esta não é sempre a regra). Os outros são dispensados, ou chamados para serem desafiados para a participação em outros casos.

b. Alegações iniciais

O julgamento tem início com as alegações iniciais realizadas pelos advogados das duas partes. Estas alegações não são de natureza probatória, mas dão ao advogado a oportunidade de resumir e explicar aos jurados as evidências que serão apresentadas no decorrer do julgamento. O advogado do reclamante (requerente) sempre faz as alegações iniciais no começo do julgamento. O advogado de defesa tem a opção de fazer suas alegações iniciais logo após as do reclamante (requerente) ou aguardar a apresentação das provas pelo advogado requerente para somente depois realizar as suas alegações, momentos antes da apresentação das suas provas.

c. Produção de provas

A produção de provas nos autos é o cerne de qualquer julgamento. As provas incluem testemunhos, objetos e documentos. O depoimento de uma testemunha de uma parte e quaisquer documentos ou outras questões apresentadas durante a sua realização serão incorporados como prova da parte no que tange ao caso em questão.

Testemunhos orais, também conhecidos como provas testemunhais, constituem o método basilar de produção de provas em um julgamento. Existem dois tipos de testemunhas que podem ser chamadas: testemunha de fato e perita. Testemunha de fato é aquela pessoa que possui conhecimento pessoal sobre o caso ou sobre fatos a ele relacionados.

Uma testemunha perita pode não ter conhecimento pessoal sobre os fatos relacionados ao caso, mas testemunhará por possuir reconhecido saber técnico no que concerne a questões relacionadas ao caso. O uso intenso de peritos tem dado origem a uma variedade desses profissionais em diversos setores, que estão dispostos a testemunhar em quase qualquer caso. Isto, por sua vez, pode levar à chamada "batalha de peritos", o que costuma provocar demora, aumento de custos e uma significativa confusão entre os jurados.

A prova testemunhal é introduzida a partir do depoimento de uma pessoa. Cada parte chama testemunhas para fazer questionamentos a cada uma delas. Cada testemunha faz um juramento ou uma declaração solene de dizer a verdade. A arguição inicial por parte de um advogado é chamada de exame direto (*direct examination*). Quando ele for concluído, o advogado da outra parte poderá proceder a suas arguições relacionadas ao testemunho apresentado. Tal ação é conhecida como exame cruzado (*cross examination*) e serve para determinar a credibilidade da testemunha, demonstrando se foi influenciada por preconceito contra uma parte ou por uma falha de memória ou de percepção da realidade. Após o exame cruzado, à parte que chamou a testemunha é dada a oportunidade de questioná-la sobre questões trazidas à tona no momento do exame. Tal procedimento é chamado de *redirect examination**.

Provas documentais também podem ser apreciadas em um julgamento. As regras probatórias determinam que o documento deve ser lido em julgamento por uma pessoa que possa atestar a autenticidade dele.

Uma vez que o requerente tenha apresentado o seu caso e produzido todas as suas provas, o requerido tem a oportunidade de chamar as suas testemunhas. Como no caso das testemunhas chamadas pelo requerente, o exame direto das testemunhas chamadas pelo requerido será seguido pela *cross examination* e pela *redirect examination*, nesta ordem.

---

* O direito norte-americano, de maneira geral, dá enorme importância à prova testemunhal – ao contrário do direito brasileiro – e uma importância bem menor às provas documentais. (N. do R. T.)

Antes de expor o seu caso, o requerido poderá apresentar uma moção para a corte para que o julgamento ocorra como questão de direito estrito, de acordo com a regra 50 das regras federais de processo civil. Nessa moção, feita longe da presença do júri, o reclamado pede ao juiz que declare que o autor da ação não apresentou provas suficientes e confiáveis em relação a um ou mais pedidos apresentados para que o caso seja levado à apreciação do júri. Se o juiz concordar com a moção, a corte definirá o caso como questão meramente de direito e o julgamento será finalizado em relação às questões levantadas na moção. Tais moções raramente são concedidas.

Como observado antes, as regras de processo civil controlam a admissibilidade de provas em julgamentos civis nas cortes federais. Essas regras são bastante complexas, e as partes normalmente discordam em relação à admissibilidade de partes específicas das provas. Neste caso, o juiz do júri costuma ser chamado a decidir sobre as objeções apresentadas pelos advogados. Ele toma essa decisão em sessão aberta, na presença do júri. Algumas vezes, as partes preferem fazer uma moção de objeção no que diz respeito a uma prova sem a participação do júri, sendo pedida ao juiz, então, uma conferência privada (*side bar conference*) somente com ele e os advogados. Esta conferência ocorre em geral de maneira silenciosa e discreta no próprio gabinete do juiz. Este poderá negar a objeção (*overrule*), e a testemunha deverá responder ao questionamento, ou aceitar (*sustain*) a objeção apresentada. Se uma objeção é aceita, a testemunha é instruída a não responder à questão. Se já tiver respondido, o júri será instruído a não considerar a sua resposta como prova no caso em questão. Dependendo da natureza da informação revelada pela testemunha, desconsiderá-la pode ser algo difícil de fazer. Por este motivo, as moções *in limine* costumam ser preferidas.

d. Alegações finais

Após as partes terem apresentado os seus casos e toda a *cross examination* ter sido completada, os advogados têm uma nova oportunidade de se dirigir ao júri para as suas alegações finais. Eles fazem um resumo das provas apresentadas e tentam persuadir o júri a tirar conclusões que sejam favoráveis ao seu cliente. Como no caso das declarações iniciais, as alegações finais não são tomadas como prova, mas servem para organizar e resumir as provas para o júri.

e. Acusação formal ao júri

Após os argumentos finais, o juiz instrui o júri sobre os princípios de direito que devem ser aplicados ao caso. Isto é conhecido como *charge*. A *charge* fornece ao júri as regras de direito a serem aplicadas aos fatos que tenham sido considerados provados por ele.

Os juízes em geral pedem aos advogados que apresentem propostas de instruções a serem levadas ao júri em algum momento antes do final do julgamento. As partes são incentivadas a trabalhar juntas para tentar encontrar um conjunto compartilhado de instruções a serem apresentadas ao juiz. Quando elas não conseguirem concordar quanto às instruções, o juiz deverá resolver tais questões. Existem livros com modelos que os advogados e juízes podem utilizar ao preparar as instruções ao júri.

A *charge* é apresentada oralmente pelo juiz em sessão aberta. O tempo desta explanação dependerá diretamente da complexidade das questões legais envolvidas no caso. Uma vez que o júri tenha recebido a acusação formal (devidamente instruído), os jurados serão dispensados para prosseguir nas deliberações, as quais são privadas, não se encontrando ninguém, além dos jurados, presente durante a sua execução.

Uma parte crucial de qualquer *charge* é a explicação sobre o ônus da prova, que se refere ao nível de certeza requerido para que o júri chegue a um veredito. O ônus essencialmente reflete uma presunção em favor de uma das partes, que precisa ser superada para que a outra parte possa prevalecer. Em julgamentos de natureza civil, o autor da ação em geral carrega o ônus da prova, o que significa que o advogado do requerente deve provar ao júri que o requerido incorreu na conduta alegadamente errada. O requerido não é obrigado a provar que não incorreu na conduta errada como alegado.

Na maioria dos casos de natureza civil, o requerente deve provar o seu caso por meio de uma preponderância das provas. Isto significa que a apresentação e o esclarecimento dos fatos devem ser convincentes para que as provas produzidas pelo autor levem à conclusão de que é mais provável que o réu tenha cometido o ilícito. Se o requerente não convencer o júri, ou se este acreditar que a versão dos fatos apresentada pelo requerido é mais factível do que a versão apresentada pelo requerente, o veredito deverá ser em favor do réu.

f. Deliberações do júri, veredito e a questão dos danos punitivos

(1) Deliberações do júri e veredito

Como já foi dito, após a explanação formal pelo juiz (*charge*), o júri se reunirá em separado para considerar o caso em questão. O primeiro jurado (*foreperson*) preside as deliberações. Dependendo da prática local, ele pode ser escolhido pela Corte ou pelos outros jurados.

A regra 48 das regras de processo civil determina que o veredito deve ser alcançado de forma unânime, a não ser que o contrário seja combinado entre as partes. Deve ser ressaltado que decisões próximas da unanimidade são consideradas, em algumas cortes estaduais, um veredito aceitável.

Ao júri pode ser requerido que apresente um veredito geral ou um especial. No veredito geral, ele simplesmente indica a parte vencedora e o montante da indenização ou compensação pelo prejuízo, se existir. No especial, o jurado é solicitado a apresentar por escrito as suas descobertas sobre cada questão fática do caso.

Quando o júri estiver pronto para apresentar o veredito, o juiz reunirá os advogados na sala de julgamento. O veredito será então lido pelo primeiro jurado, pelo juiz ou pelo meirinho. Com esta leitura, o trabalho do júri chega ao fim.

Ocasionalmente, o júri pode não decidir um veredito, sendo considerado travado ou pendurado. Se o juiz decidir que não existe possibilidade razoável de que os jurados cheguem a um veredito depois das suas deliberações, declarará a dissolução do júri. O caso, então, será reagendado para outro julgamento perante um júri.

(2) Danos punitivos

Um aspecto especial dos danos, no que concerne ao direito norte-americano, deve ser ressaltado: a existência de danos punitivos.

A parte vencedora, em uma litigância civil, normalmente tem direto a compensações por danos, de modo que retorne ao estado em que se encontrava antes do dano. A compensação por danos tem o objetivo de compensar a parte lesada. Nos casos de acidentes, os danos compensatórios podem ser especiais (os quais devem incluir atuais e futuras despesas médicas e lucros cessantes por causa do acidente) ou genéricos (são a compensação pela dor, pelo sofrimento, pela angústia associados ao acidente).

Um autor pode buscar danos punitivos ou exemplares, além da indenização por danos compensatórios. Os danos punitivos, como o próprio nome sugere, visam punir o autor do ilícito. Como seu objetivo não é compensar a parte requerente por uma perda ou dano, o reclamante não consegue ter ideia da quantia a ser paga. As condenações com base em danos punitivos não são concedidas com grande frequência nos Estados Unidos, e valores altos são bastante raros. A adequação dos danos punitivos, por sua vez, e os limites de condenação são questões centrais no debate da reforma sobre responsabilidade civil no país.

Um júri pode ser instruído a considerar danos punitivos somente em algumas circunstâncias. O direito varia de estado para estado, mas a grande maioria das jurisdições exige que o requerente prove que o requerido atuou com intenção criminosa ou algum outro critério rigoroso. Danos punitivos em geral são concedidos apenas em casos nos quais tenham ocorrido danos físicos graves ou a morte. Esses danos são algumas vezes previstos em lei, como nos casos de violações à lei federal de concorrências (*antitrust*), para os quais altas indenizações são concedidas.

A Suprema Corte tem começado a reconhecer limites constitucionais à concessão de danos punitivos. Em casos relativamente recentes, ela tem firmado que danos punitivos excessivos podem resultar na privação do devido processo (*due process*), desfavorecendo o autor do ilícito, e que eles devem ser mensurados com relação: 1) à reprovabilidade da conduta errada do malfeitor; 2) à extensão de qualquer indenização compensatória; 3) ao tamanho da multa criminal que deverá ser imposta no caso da violação envolvida.

Os benefícios dos danos punitivos que foram identificados incluem os que seguem: 1) os danos punitivos encorajam comportamentos mais seguros e socialmente aceitáveis; 2) os danos punitivos servem como um incentivo para partes privadas e advogados perseguirem casos de flagrante transgressão que dariam origem a tal dano; e 3) os danos punitivos servem para expressar uma forte reprovação social da conduta em questão.

As seguintes críticas têm sido feitas ao sistema de danos punitivos: 1) são considerados tão incertos que a simples possibilidade de sua concessão pode desencorajar comportamentos socialmente úteis por parte de atores corporativos; 2) os seus custos são repassados aos consumidores, através do aumento de preços de mercadorias e serviços, enquanto o autor da ação obtém um lucro inesperado; 3) podem agraciar pessoas e encorajar pedidos sem nenhum fundamento, na busca de acordos rápidos e lucrativos oferecidos pelos requeridos.

9. Moções pós-julgamento

Uma vez que o veredito foi anunciado, a parte perdedora poderá pedir ao juiz que o desconsidere, argumentando que não possui base probatória, ou solicitar um novo julgamento. Tais moções raramente são bem-sucedidas.

10. Registro de julgamento

O julgamento é a ordem final da corte que define os direitos e as responsabilidades das partes. A regra 58 das regras de processo civil determina que o veredito seja formalmente registrado em um formulário chamado *judgment*, o qual é registrado nos arquivos oficiais da corte para aquele caso.

11. Execução do julgamento

Uma parte que receba uma indenização em um processo de natureza civil pode requerer a execução do julgamento imediatamente após ele ter sido registrado, embora a corte possa decidir que se aguarde até que o prazo de apelação tenha decorrido. Se for necessário, a parte poderá requerer o auxílio da corte para conseguir executar o julgamento. Em tais casos, ela poderá autorizar a penhora, o arresto dos salários ou das propriedades da parte perdedora. A execução do julgamento pode ser bastante frustrante para a parte vencedora, principalmente quando a outra parte possui poucos bens ou não os possui.

V. LITIGÂNCIA CRIMINAL

A. INTRODUÇÃO

As ações criminais são iniciadas por causa de violações de leis penais. A maior parte do direito criminal está definida no âmbito estadual, mas existem algumas condutas reguladas na esfera federal. Pessoas acusadas de violações de natureza federal são julgadas em cortes federais.

Existem dois tipos de normas penais federais: *felonies*, que são crimes puníveis com mais de um ano de prisão e representam a maioria dos crimes julgados em cortes federais; *misdemeanors*, que são crimes de menor potencial ofensivo, julgados normalmente perante um *magistrate judge*.

O pedido de transação penal (*plea bargaining*) – acordos nos casos criminais – possui grande importância no sistema de justiça criminal dos Estados Unidos. A maioria das pessoas declara-se culpada se agindo assim sofrer uma pena muito menos severa do que aquela que originalmente havia sido proposta. O juiz que preside o caso deverá decidir se acata ou não o pedido, mas normalmente o aceita.

Os julgamentos de crimes federais são determinados pela Constituição, pelas regras federais de processo penal e pelas leis federais. As leis estaduais determinam os julgamentos estaduais, mas muitas determinações constitucionais também são aplicáveis.

O processo judicial, em um caso criminal, difere em diversos aspectos de um processo judicial em casos de natureza civil, os quais serão debatidos a seguir.

Os principais atores são o procurador dos Estados Unidos (ou o procurador distrital, em um processo criminal estadual) e o grande júri. O primeiro representa os interesses do país na maioria dos processos da Corte, incluindo processos criminais, no nível federal. O advogado de defesa também tem um importante papel, assim como o *petit jury*, o qual é encarregado de definir se o acusado é ou não culpado.

B. PANORAMA DA LITIGÂNCIA CRIMINAL

1. Indiciamento pelo *grand jury*

Em casos de crimes federais, um *grand jury* deve ser convocado em respeito à quinta emenda à Constituição. O *grand jury* determina, baseado nas provas apresentadas pelo procurador da União, se existem ou não evidências suficientes para trazer um acusado perante ele. Embora a obrigação prevista pela quinta emenda não tenha sido incorporada pelos estados, muitos requerem um indiciamento perante um *grand jury* antes que o processo criminal prossiga*.

---

* Existe uma importante doutrina no direito constitucional norte-americano, que se chama doutrina da incorporação ou cláusulas de incorporação, no chamado *Bill of Rights*, o que significa que a Suprema Corte trouxe para si, no passado, a missão de elencar quais, dentre os direitos previstos no *Bill of Rights*, são aplicáveis diante dos estados-membros. (N. do R. T.)

2. Interrogatório após a prisão

Após ser presa, uma pessoa é imediatamente submetida a um interrogatório por um oficial de serviços de pré--julgamento ou por um oficial de condicional. Estes oficiais também conduzem uma investigação acerca do passado do acusado. Estas informações ajudam o juiz a decidir se o liberta antes do julgamento ou se o mantém preso, à espera de um julgamento pendente.

3. Audiência de causa provável (*probable cause hearing*)

Depois disso, o acusado deve apresentar-se ou ser apresentado a um juiz da corte distrital (local) ou a um *magistrate judge*. O juiz, então, formalmente informa-lhe as acusações pendentes contra ele e determina se existe uma causa provável para acreditar que ele teve ou não a conduta que lhe é atribuída. Se for determinada a causa provável, será designado um defensor para o acusado, nomeado pelo juiz, se ele não puder pagar um. Neste ponto, o juiz determina se o acusado será mantido em custódia por julgamento pendente ou se será libertado. A liberdade costuma estar condicionada ao pagamento de uma fiança.

4. Defesa

A próxima fase do processo criminal é a da defesa prévia, na qual o acusado é solicitado a apresentar uma resposta às acusações feitas contra ele no indiciamento. Embora muitos casos de natureza criminal resultem em um pedido de transação penal (*plea guilty*), vários acusados apresentam uma contestação de inocência na fase da defesa. Se o acusado se declarar inocente, o juiz agendará o julgamento, o qual, segundo a Constituição e diversas leis estaduais, deverá ser rápido.

5. *Discovery*

Os julgamentos criminais também incluem a fase de *discovery*, mas a *discovery* criminal é muito mais limitada do que em casos de natureza civil. Ao promotor é determinado que sejam apresentadas quaisquer informações requisitadas pela defesa e qualquer material justificativo favorável a ela, tenha sido pedido ou não. Material justificativo é qualquer informação de que o promotor tenha, ou deveria ter, conhecimento que possa sugerir a inocência do acusado.

6. Moções probatórias

Os advogados em geral apresentam com antecedência moções em que pedem à Corte que decida a admissibilidade ou não de provas no julgamento. Comumente, a defesa realizará a moção para excluir um testemunho ou outra prova do julgamento. Estas moções podem ser apresentadas com base no argumento de que algumas provas foram obtidas em violação a direitos constitucionais do acusado. Também podem ser apresentadas com o intuito de suprimir provas que a defesa alega que têm limitado valor probatório da culpabilidade do acusado, mas que seriam altamente prejudiciais a ele durante o julgamento.

7. Julgamento pelo júri

O julgamento por júri normalmente é realizado para uma acusação de crime grave. O artigo III, seção 2, da Constituição prevê que "o julgamento de todos os crimes, exceto de *impeachment*, deverá ser por júri". A sexta emenda determina que, "em todas as ações criminais, o acusado terá direito a um julgamento rápido e público por um júri imparcial".

Os julgamentos criminais acontecem de forma muito similar aos de natureza civil. O promotor tem o ônus de provar a culpa do acusado "além de uma dúvida razoável" (*beyond a reasonable doubt*). Este é um critério bem mais rígido do que aquele aplicado nos casos civis. Por esse critério, o governo deve comprovar que não existe nenhuma "dúvida razoável" acerca da culpa do acusado quanto ao cometimento do crime.

Se um acusado for considerado inocente pelo júri – o que significa que a acusação não superou o ônus da prova –, ele será liberado. Pelos princípios da dupla acusação, ele não poderá ser julgado novamente pelo mesmo governo pelo cometimento dos mesmos atos.

8. Sentença

Em um caso de natureza criminal, o júri decide a questão de culpa, mas o juiz impõe a sentença ao acusado que foi considerado culpado pelo júri. A única exceção são os casos nos quais a acusação busca a aplicação da pena de morte: o júri somente faz uma recomendação ao juiz se ela deve ou não ser aplicada.

A sentença do juiz normalmente não será apresentada logo após o julgamento. Será estipulada uma data para essa apresentação. A pessoa apenada poderá ser libertada, se houver uma sentença pendente, ou deverá permanecer em custódia. Ao sentenciar, a Corte deverá considerar não somente os dados contidos no processo, mas qualquer informação levada ao seu conhecimento pelo oficial de condicional ou pelo procurador da União. A Corte também poderá considerar as declarações da vítima, que poderá manifestar-se oralmente ou por escrito. Nessas declarações, ela descreverá os efeitos emocionais, psíquicos ou financeiros do crime cometido. A pessoa condenada também terá a oportunidade de se dirigir à corte no momento da sentença. Na corte federal, o juiz consulta o Guia Federal de Sentenças para proferir uma sentença criminal.

VI. APELAÇÕES E O PROCESSO DE APELAÇÃO

No sistema de cortes federais e em todos os estados, a parte prejudicada por uma sentença criminal tem o direito de apelar a um tribunal de apelação, com uma importante exceção: a absolvição de um acusado é inapelável. Uma parte prejudicada por uma decisão final de uma agência federal também tem o direito de solicitar a revisão da decisão por uma corte federal, o que costuma ser feito por um tribunal de apelação. No sistema federal, uma apelação de uma decisão de uma Corte distrital será levada ao tribunal de apelação do circuito em que ela está estabelecida; regras de foro determinam pedidos para revisão de decisões de agências federais. Em geral, a parte não poderá apelar antes que os procedimentos perante a Corte de julgamento tenham sido finalizados, embora apelações interlocutórias sejam permitidas para determinadas questões.

Um litigante que apresente uma apelação, conhecido como apelante, ou recorrente (*appellant*), ou peticionário (*petitioner*), nos casos de apelações perante agências governamentais, deve demonstrar que a Corte (ou agência) cometeu um erro de direito que influenciou o resultado do caso. O tribunal de apelação decidirá com base nos dados do caso estabelecidos pela Corte de Julgamento (ou agência) que levaram à decisão que está sendo revista. O tribunal de apelação não admite provas ou testemunhas. Ele poderá avaliar questões fáticas, mas invalidará a decisão em bases fáticas somente se as decisões originárias foram pautadas em erros grosseiros, parâmetro muito difícil de alcançar. Ainda, o tribunal de apelação não considerará questões que não tenham sido previamente suscitadas durante a fase de julgamento na Corte original em relação às quais considera a preclusão.

Os procedimentos no tribunal de apelação federal são determinados pelas regras federais de apelação, as quais podem ser complementadas por regras locais desse tipo de cortes. As apelações são decididas por um grupo de três juízes. O recorrente apresenta os argumentos legais ao grupo por escrito e de maneira formal, por meios de um *brief*. Neste, o recorrente tenta persuadir os juízes de que a Corte originária de julgamento cometeu um erro de direito que exige a revisão da decisão. A parte que se defende da apelação (*appellee*), o recorrido, tem a oportunidade de apresentar um *brief* de resposta, no qual tenta demonstrar por que a decisão da Corte deve ser considerada correta, ou por que qualquer erro que possa ter sido cometido pela Corte de Julgamento não é tão relevante que tenha influenciado o resultado do caso e, portanto, não garante a revisão da decisão.

Alguns casos são decididos com base nos *briefs* das partes. Em outros, o tribunal de apelação ordena que as partes apresentem argumentos orais, os quais são estruturados em debates entre os advogados das partes, que focarão as questões legais em disputa. A cada parte é concedido um tempo, normalmente quinze minutos, para a apresentação dos seus argumentos. Membros do grupo costumam interferir nos argumentos dos advogados, apresentando questionamentos.

A corte apresentará as razões para a sua decisão, quase sempre por escrito*, discriminando os fatos e o histórico processual do caso, a questão, a *holding* da Corte e a razão da sua decisão. Um juiz do grupo que não concorde com o resultado da decisão da maioria poderá redigir em separado a sua opinião. Em alguns casos, um juiz que concorde com o resultado, mas por uma razão diferente daquela apresentada pela maioria, poderá expressar uma opinião concorrente.

O tribunal de apelação ou afirma ou modifica a decisão da Corte inferior ou agência. A modificação normalmente é acompanhada por uma devolução à Corte inferior ou agência para procedimentos adicionais. No sistema federal, como explanado no Capítulo II, as decisões de um tribunal de apelação vinculam o circuito, incluindo ela própria.

A parte que não obteve sucesso perante o tribunal de apelação poderá pedir a revisão usando alguns mecanismos, mas tal revisão é discricionária e em geral não é concedida. Primeiro, a parte perdedora poderá pedir a reconsideração junto ao grupo de três juízes que decidiu contra ela. Por razões aparentemente óbvias, esses pedidos costumam ser infrutíferos. Segundo, ela poderá tentar uma nova audiência *en banc.* Isto significa que um número maior de juízes, além dos três iniciais, fará a revisão da decisão. Em quase todos os circuitos, uma corte *en banc* incluirá todos os juízes do tribunal de apelação. As revisões *en banc* raramente são concedidas. Finalmente, a parte perdedora poderá buscar a

---

* Uma *opinion* é redigida por um dos juízes vencedores, que assume a incumbência de congregar em seu voto os fundamentos relevantes da decisão, ou seja, sintetizar o pensamento dos juízes que tiveram a maioria. (N. do R. T.)

revisão junto à Suprema Corte. A avaliação desta corte é amplamente discricionária, e ela não é obrigada a conceder revisão a todos os casos que lhe são encaminhados, com exceção de um pequeno número de casos determinados por normas especiais. Na grande maioria dos casos, a revisão da corte é discricionária sob a revisão *certiorari* dela. Em um ano, a Suprema Corte pode receber 8 mil pedidos de *writ of certiorari* mas atende menos de cem.

A Suprema Corte decide as questões de *writ of certiorari* segundo a chamada "regra de quatro". Se quatro dos nove juízes votarem a favor da concessão do *writ of certiorari,* então ele será concedido e o caso será colocado na pauta para *briefing* e, normalmente, argumentos orais. A Suprema Corte concordará em conhecer um caso somente quando este envolver um princípio legal incomum ou quando uma ou mais cortes federais de última instância tiverem interpretado de forma diferente um mesmo direito federal. Quando um caso é aceito, as partes são solicitadas a apresentar *briefs* por escrito, sendo que a Suprema Corte poderá requerer argumentos orais. Partes que tenham interesses significativos nas questões legais apresentadas poderão pedir permissão para apresentar *briefs* como *amicus curiae,* ou "amigos da corte". O Poder Executivo, atuando por intermédio do procurador-geral, normalmente apresenta esses *briefs.*

Caso a Suprema Corte negue a concessão de petição para *certiorari,* não apresentará nenhuma justificativa para a negativa de concessão do *writ,* embora ocasionalmente um ou mais juízes possam emitir uma dissidência em relação à ordem da corte que negou a revisão do caso. Esta é uma declaração dos motivos pelos quais o juiz acredita que a corte deveria ter revisado o caso em seu mérito. A negativa do *writ of certiorari* não constitui uma decisão sobre o mérito do caso, e a corte tem declarado que a negativa do *writ* não deve ser encarada como apoio ou rejeição à decisão apresentada.

Há nove membros na Suprema Corte: o juiz-chefe e oito juízes associados. Eles se sentam juntos *en banc.* Como no tribunal de apelação, a Suprema Corte somente considerará argumentos legais, e não levará em conta novas provas.

A Suprema Corte explicita as razões da sua decisão por escrito. As suas decisões sobre questões de direito federal precedem todas as outras cortes nos Estados Unidos. Como nos tribunais de apelação, os juízes da Suprema Corte podem emitir por escrito opiniões dissidentes ou concorrentes, uma prática que tem se tornado muito comum nos últimos anos.

Apêndice I
Constituição dos Estados Unidos da América

Preâmbulo

Nós, o povo dos Estados Unidos, a fim de formar uma união mais perfeita, estabelecer a justiça, assegurar a tranquilidade interna, prover a defesa comum, promover o bem-estar geral e garantir para nós e para os nossos descendentes os benefícios da liberdade, promulgamos e estabelecemos esta Constituição para os Estados Unidos da América.

Artigo I

Seção 1

Todos os poderes legislativos conferidos por esta Constituição serão confiados a um Congresso dos Estados Unidos, composto de um Senado e de uma Câmara de Representantes.

Seção 2

A Câmara dos Representantes será composta de membros eleitos bianualmente pelo povo dos diversos estados, devendo os eleitores em cada estado possuir as mesmas qualificações exigidas dos eleitores da Assembleia Legislativa mais numerosa do respectivo estado.

Não será eleito representante quem não tiver atingido a idade de 25 anos, não for há sete anos cidadão dos Estados

Unidos e não for, por ocasião da eleição, residente do estado que o eleger.

O número de representantes, assim como os impostos diretos, serão fixados para os diversos estados que fizerem parte da União (segundo o número de habitantes, assim determinado: ao número total de pessoas livres, incluídas as pessoas em estado de servidão por tempo determinado, e excluídos os índios não taxados, somar-se-ão três quintos da população restante). O recenseamento será feito dentro de três anos depois da primeira sessão do Congresso dos Estados Unidos e, em seguida, decenalmente, de acordo com as leis que se adotarem. O número de representantes não excederá um para cada 30 mil pessoas, mas cada estado terá no mínimo um representante. Enquanto não se fizer o recenseamento, o estado de New Hampshire terá o direito de eleger três representantes; Massachusetts, oito; Rhode Island e Providence Plantations, um; Connecticut, cinco; Nova York, seis; Nova Jersey, quatro; Pensilvânia, oito; Delaware, um; Maryland, seis; Virgínia, dez; Carolina do Norte, cinco; Carolina do Sul, cinco; e Geórgia, três.

Quando aparecerem vagas na representação de qualquer estado, o Poder Executivo desse estado fará publicar editais de eleição para o seu preenchimento.

A Câmara dos Representantes elegerá o seu presidente e demais membros da mesa e exercerá, com exclusividade, o poder de indiciar por crime de responsabilidade (*impeachment*).

Seção 3

O Senado dos Estados Unidos será composto de dois senadores de cada estado, eleitos por seis anos pela respectiva Assembleia estadual, tendo cada senador direito a um voto.

Logo após a reunião decorrente da primeira eleição, os senadores se dividirão em três grupos iguais ou aproximadamente iguais. Decorridos dois anos, ficarão vagas as cadeiras dos senadores do primeiro grupo; as do segundo grupo, findos quatro anos; e as do terceiro, terminados seis anos, de modo que se faça bianualmente a eleição de um terço do Senado. Se aparecerem vagas, em virtude de renúncia ou qualquer outra causa, durante o recesso da Assembleia estadual, o Executivo estadual poderá fazer nomeações provisórias até a reunião seguinte da Assembleia, que então preencherá as vagas.

Não será eleito senador quem não tiver atingido a idade de 30 anos, não tiver sido por nove anos cidadão dos Estados Unidos e não for, na ocasião da eleição, residente do estado que o eleger.

O vice-presidente dos Estados Unidos presidirá o Senado, mas não poderá votar, a não ser em caso de empate.

O Senado escolherá os demais membros da mesa e também um presidente *pro tempore*, na ausência do vice-presidente, ou quando este assumir o cargo de presidente dos Estados Unidos.

Só o Senado poderá julgar os crimes de responsabilidade (*impeachment*). Reunidos para esse fim, os senadores prestarão juramento ou compromisso. O julgamento do presidente dos Estados Unidos será presidido pelo presidente da Suprema Corte. E nenhuma pessoa será condenada a não ser pelo voto de dois terços dos membros presentes.

A pena nos crimes de responsabilidade não excederá a destituição da função e a incapacidade para exercer qualquer função pública, honorífica ou remunerada, nos Estados Unidos. O condenado estará sujeito, no entanto, a ser processado e julgado, de acordo com a lei.

Seção 4

A época, os locais e os processos de realizar eleições para senadores e representantes serão estabelecidos, em cada estado, pela respectiva Assembleia, mas o Congresso poderá, a qualquer tempo, fixar ou alterar, por meio de lei, tais normas, salvo quanto ao local de eleição dos senadores.

O Congresso se reunirá pelo menos uma vez por ano, e essa reunião se dará na primeira segunda-feira de dezembro, salvo se, por lei, for designado outro dia.

Seção 5

Cada uma das Câmaras será o juiz da eleição, votação e qualificação de seus membros, e em cada uma delas a maioria constituirá o *quorum* necessário para deliberar. Mas um número menor de membros poderá prorrogar a sessão, dia a dia, e poderá ser autorizado a convocar os membros ausentes a comparecerem, do modo e mediante as penalidades que cada uma das Câmaras estabelecer.

Cada uma das Câmaras é competente para organizar seu regimento interno, punir seus membros por conduta irregular e, com o voto de dois terços, expulsar um deles.

Cada uma das Câmaras lavrará atas de seus trabalhos e as publicará periodicamente, exceto nas partes que julgar conveniente conservar secretas, e os votos a favor e contra dos membros de qualquer uma das Câmaras sobre qualquer questão serão consignados em ata a pedido de um quinto dos membros presentes.

Durante as sessões do Congresso, nenhuma das Câmaras poderá, sem o consentimento da outra, suspender os trabalhos por mais de três dias, ou realizá-los em local diferente daquele em que funcionam ambas as Câmaras.

Seção 6

Os senadores e representantes receberão, por seus serviços, remuneração estabelecida por lei e paga pelo Tesouro dos Estados Unidos. Durante as sessões, e na ida ou regresso delas, não poderão ser presos, a não ser por traição, crime comum ou perturbação da ordem pública. Fora do recinto das Câmaras, não terão obrigação de responder a interpelações acerca de seus discursos ou debates.

Nenhum senador ou representante poderá, durante o período para o qual foi eleito, ser nomeado para cargo público do governo dos Estados Unidos que tenha sido criado ou cuja remuneração for aumentada nesse período, e nenhuma pessoa ocupando cargo no governo dos Estados Unidos poderá ser membro de qualquer uma das Câmaras enquanto permanecer no exercício do cargo.

Seção 7

Todo projeto de lei relativo ao aumento da receita deve se iniciar na Câmara dos Representantes. O Senado, porém, poderá apresentar emendas, como nos demais projetos de lei.

Todo projeto de lei aprovado pela Câmara dos Representantes e pelo Senado deverá, antes de se tornar lei, ser remetido ao presidente dos Estados Unidos. Se o aprovar, ele o assinará; do contrário, o devolverá acompanhado de suas objeções à Câmara em que teve origem; esta então fará constar em ata as objeções do presidente e submeterá o projeto a nova discussão. Se o projeto for mantido por maioria de dois terços dos membros dessa Câmara, será enviado, com as objeções, a outra Câmara, a qual também o discutirá novamente. Se obtiver dois terços dos votos dessa Câmara, será considerado lei. Em ambas as Câmaras, os votos serão indicados pelo "sim" ou "não", registrando-se no livro de atas das respectivas Câmaras os nomes dos membros que votaram a favor ou contra o projeto de lei. Todo projeto que não for devolvido pelo presidente no prazo de dez dias a contar da data de seu recebimento (excetuando-se os domingos) será considerado lei tal como se ele o tivesse assinado, a menos que o Congresso, suspendendo os trabalhos, torne impossível a devolução do projeto, caso em que este não passará a ser lei.

Toda ordem, resolução ou voto para o qual for necessária a anuência do Senado e da Câmara dos Representantes (salvo questões de suspensão das sessões) será apresentado ao presidente dos Estados Unidos e não entrará em vigor enquanto não for por ele aprovado. Se, porém, ele não o aprovar, serão precisos os votos de dois terços do Senado e da Câmara dos Representantes para entrar em vigor, conforme as regras e limitações previstas para os projetos de lei.

Seção 8

Será da competência do Congresso:

Lançar e arrecadar taxas, direitos, impostos e tributos, pagar dívidas e prover a defesa comum e o bem-estar geral dos Estados Unidos; mas todos os direitos, impostos e tributos serão uniformes em todo o país.

Levantar empréstimos sobre o crédito dos Estados Unidos.

Regular o comércio com as nações estrangeiras, entre os diversos estados e com as tribos indígenas.

Estabelecer uma norma uniforme de naturalização e leis uniformes de falência para todo o país.

Cunhar moeda e regular o seu valor, bem como o das moedas estrangeiras, e estabelecer o padrão de pesos e medidas.

Tomar providências para a punição dos falsificadores de títulos públicos e da moeda corrente dos Estados Unidos.

Estabelecer agências e estradas para o serviço postal.

Promover o progresso da ciência e das artes úteis, garantindo, por tempo limitado, aos autores e inventores, o direito exclusivo aos seus escritos ou descobertas.

Criar tribunais inferiores à Suprema Corte.

Definir e punir atos de pirataria e delitos cometidos em alto-mar e as infrações ao direito das gentes.

Declarar guerra, expedir cartas de corso e estabelecer regras para apresamentos em terra e no mar.

Organizar e manter exércitos, vedada, porém, a concessão de crédito para este fim por período de mais de dois anos.

Organizar e manter uma marinha de guerra.

Regulamentar a administração e disciplina das forças de terra e mar.

Regular a mobilização da guarda nacional (milícia) para garantir o cumprimento das leis da União, reprimir insurreições e repelir invasões.

Promover a organização, o armamento e o treinamento da guarda nacional, bem como a administração de parte dessa guarda que for empregada no serviço dos Estados Unidos, reservando-se aos estados a nomeação dos oficiais e a obrigação de instruir a milícia de acordo com a disciplina estabelecida pelo Congresso. Exercer o poder legiferante exclusivo no distrito (não excedente a dez milhas quadradas) que, cedido por determinados estados e aceito pelo Congresso, se torne a sede do governo dos Estados Unidos e exercer o mesmo poder em todas as áreas adquiridas com o consentimento da Assembleia do estado em que estiverem situadas, para a construção de fortificações, armazéns, arsenais, estaleiros e outros edifícios necessários.

Elaborar todas as leis necessárias e apropriadas ao exercício dos poderes acima especificados e dos demais que a presente Constituição confere ao governo dos Estados Unidos ou aos seus departamentos e funcionários.

Seção 9

A migração ou a admissão de indivíduos que qualquer um dos estados ora existentes julgar conveniente permitir não será proibida pelo Congresso antes de 1808, mas sobre essa admissão poderá ser lançado um imposto ou direito não superior a dez dólares por pessoa.

Não poderá ser suspenso o *habeas corpus*, exceto quando, em caso de rebelião ou de invasão, a segurança pública o exigir.

Não serão aprovados atos legislativos condenatórios sem o competente julgamento, assim como as leis penais com efeito retroativo.

Não será lançada capitação ou outra forma de imposto direto, a não ser na proporção do recenseamento da população, segundo as regras anteriormente estabelecidas.

Não serão lançados impostos ou direitos sobre artigos importados por qualquer estado.

Não se concederá preferência, por meio de regulamento comercial ou fiscal, aos portos de um estado sobre os de outro, nem poderá um navio, procedente ou destinado a um estado, ser obrigado a aportar ou pagar direitos de trânsito ou alfândega em outro.

Dinheiro algum poderá ser retirado do Tesouro senão em consequência da dotação determinada em lei. Será publicado periodicamente um balanço de receita e despesa públicas.

Nenhum título de nobreza será conferido pelos Estados Unidos, e nenhuma pessoa, neles exercendo um emprego remunerado ou honorífico, poderá, sem licença do Congresso, aceitar dádivas, emolumentos, emprego ou títulos de qualquer espécie, oferecidos por qualquer rei, príncipe ou Estado estrangeiro.

Seção 10

Nenhum estado poderá participar de tratado, aliança ou confederação; conceder cartas de corso; cunhar moeda; emitir títulos de crédito; autorizar, para pagamento de dívidas, o uso de qualquer coisa que não seja ouro e prata; votar leis de condenação sem julgamento, ou de caráter retroativo, ou que alterem as obrigações de contratos; ou conferir títulos de nobreza.

Nenhum estado poderá, sem o consentimento do Congresso, lançar impostos ou direitos sobre a importação ou a exportação, salvo os absolutamente necessários à execução de suas leis de inspeção; o produto líquido de todos os direitos ou impostos lançados por um estado sobre a importação ou exportação pertencerá ao Tesouro dos Estados Unidos e todas as leis dessa natureza ficarão sujeitas à revisão e ao controle do Congresso.

Nenhum estado poderá, sem o consentimento do Congresso, lançar qualquer direito de tonelagem, manter em tempo de paz exércitos ou navios de guerra, concluir tratados ou alianças, quer com outro Estado, quer com potências estrangeiras, ou entrar em guerra, a menos que seja invadido ou esteja em perigo tão iminente que não admita demora.

Artigo II

Seção 1

O Poder Executivo será investido em um presidente dos Estados Unidos. Seu mandato será de quatro anos e, juntamente com o vice-presidente, escolhido para igual período, será eleito da seguinte forma:

Cada estado nomeará, de acordo com as regras estabelecidas por sua legislatura, um número de eleitores igual ao número total de senadores e deputados a que tem direito no Congresso; todavia, nenhum senador, deputado ou pessoa que ocupe um cargo federal remunerado ou honorífico poderá ser nomeado eleitor.

(Os eleitores se reunirão em seus respectivos estados e votarão por escrutínio em duas pessoas, uma das quais, pelo menos, não será residente no mesmo estado; farão a lista das pessoas votadas e do número dos votos obtidos por cada uma e a enviarão firmada, autenticada e selada à sede do governo dos Estados Unidos, dirigida ao presidente do Senado. Este, na presença do Senado e da Câmara dos Representantes, procederá à abertura das listas e à contagem dos votos. Será eleito presidente aquele que tiver obtido o maior número de votos, se este número representar a maioria do total dos eleitores nomeados. No caso de mais de um candidato ter obtido essa maioria, assim como número igual de votos, a Câmara dos Representantes elegerá imediatamente um deles, por escrutínio, para presidente, mas, se ninguém houver obtido maioria, a mesma Câmara elegerá, de igual modo, o presidente dentre os cinco que tiverem reunido maior número de votos. Nessa eleição do presidente, porém, os votos serão tomados por estado, cabendo um voto à representação de cada estado. Para estabelecer o *quorum* necessário, deverão estar presentes um ou mais membros de dois terços dos estados. Em qualquer caso, eleito o presidente, o candidato que se seguir com o maior número de votos será o vice-presidente. Mas, se dois ou mais tiverem obtido o mesmo número de votos, o Senado escolherá dentre eles, por escrutínio, o vice-presidente.)*

O Congresso pode fixar a época de escolha dos eleitores e o dia em que deverão votar; este dia deverá ser o mesmo para todos os Estados Unidos.

Não poderá ser candidato a presidente quem não for cidadão nato ou não for, ao tempo da adoção desta Constituição, cidadão do país. Não poderá, igualmente, ser eleito

---

* Esse artigo foi substituído pela décima segunda emenda. (N. do T.)

para esse cargo quem não tiver 35 anos de idade e catorze anos de residência nos Estados Unidos.

No caso de destituição, morte ou renúncia do presidente, ou de incapacidade para exercer os poderes e obrigações de seu cargo, estes passarão ao vice-presidente. O Congresso poderá, por lei, em caso de destituição, morte, renúncia ou incapacidade tanto do presidente quanto do vice-presidente, determinar o funcionário que deverá exercer o cargo de presidente, até que cesse o impedimento ou seja eleito outro presidente.

Em épocas determinadas, o presidente receberá por seus serviços uma remuneração que não poderá ser aumentada nem diminuída durante o período para o qual for eleito, e não receberá, durante esse período, nenhum emolumento dos Estados Unidos ou de qualquer um dos estados.

Antes de iniciar o exercício do cargo, fará o juramento ou afirmação seguinte: "Juro (ou afirmo) solenemente que desempenharei fielmente o cargo de presidente dos Estados Unidos, e que da melhor maneira possível preservarei, protegerei e defenderei a Constituição dos Estados Unidos."

Seção 2

O presidente será o chefe supremo do Exército e da Marinha dos Estados Unidos, e também da milícia dos diversos estados, quando convocadas ao serviço ativo do país. Poderá pedir a opinião, por escrito, do chefe de cada uma das secretarias do Executivo sobre assuntos relativos às respectivas atribuições. Terá o poder de indulto e de graça por delitos contra os Estados Unidos, exceto nos casos de *impeachment*.

O presidente poderá, mediante parecer e aprovação do Senado, concluir tratados, desde que dois terços dos senadores presentes assim o decidam. Nomeará, mediante o parecer e a aprovação do Senado, os embaixadores e outros ministros e cônsules, juízes do Supremo Tribunal e todos os funcionários dos Estados Unidos cujos cargos, criados por lei, não tenham nomeação prevista nesta Constituição. O

Congresso poderá, por lei, atribuir ao presidente, aos tribunais de justiça ou aos chefes das secretarias a nomeação dos funcionários subalternos, conforme julgar conveniente.

O presidente poderá preencher as vagas surgidas durante o recesso do Senado, fazendo nomeações que expirarão no final da sessão seguinte.

Seção 3

O presidente deverá prestar ao Congresso, periodicamente, informações sobre o estado da União, fazendo ao mesmo tempo as recomendações que julgar necessárias e convenientes. Poderá, em casos extraordinários, convocar ambas as Câmaras, ou uma delas, e, havendo entre elas divergências sobre a época da suspensão dos trabalhos, poderá suspender as sessões até a data que julgar conveniente. Receberá os embaixadores e outros diplomatas, zelará pelo fiel cumprimento das leis e conferirá as patentes aos oficiais dos Estados Unidos.

Seção 4

O presidente, o vice-presidente e todos os funcionários civis dos Estados Unidos serão afastados de suas funções quando indiciados e condenados por traição, suborno ou outros delitos ou crimes graves.

Artigo III

Seção 1

O Poder Judiciário dos Estados Unidos será investido em uma Suprema Corte e nos tribunais inferiores que forem oportunamente estabelecidos por determinação do Congresso. Os juízes, tanto da Suprema Corte como dos tribunais inferiores, conservarão os seus cargos enquanto bem servirem e perceberão pelos seus serviços uma remuneração que não poderá ser diminuída durante a sua permanência no cargo.

Seção 2

A competência do Poder Judiciário se estenderá a todos os casos de aplicação da lei e da equidade ocorridos sob a presente Constituição, às leis dos Estados Unidos e aos tratados concluídos ou que se concluírem sob sua autoridade; a todos os casos que afetem os embaixadores, outros ministros e cônsules; a todas as questões do almirantado e de jurisdição marítima; às controvérsias em que os Estados Unidos sejam parte; às controvérsias entre dois ou mais estados, entre um estado e cidadãos de outro estado, entre cidadãos de diferentes estados, entre cidadãos do mesmo estado reivindicando terras em virtude de concessões feitas por outros estados, enfim, entre um estado, ou os seus cidadãos, e potências, cidadãos ou súditos estrangeiros.

Em todas as questões relativas a embaixadores, outros ministros e cônsules e naquelas em que se achar envolvido um estado, a Suprema Corte exercerá jurisdição originária. Nos demais casos supracitados, ela terá jurisdição em grau de recurso, pronunciando-se tanto sobre os fatos como sobre o direito, observando as exceções e normas que o Congresso estabelecer.

O julgamento de todos os crimes, exceto em casos de *impeachment*, será feito por júri, tendo lugar o julgamento no mesmo estado em que tiverem ocorrido os crimes; e, se não houver ocorrido em nenhum dos estados, o julgamento terá lugar na localidade que o Congresso designar por lei.

Seção 3

A traição contra os Estados Unidos consistirá unicamente em levantar armas contra o país, ou coligar-se com seus inimigos, prestando-lhes auxílio e apoio. Ninguém será condenado por traição a não ser mediante o depoimento de duas testemunhas sobre o mesmo ato, ou mediante confissão em sessão pública do tribunal.

O Congresso terá o poder de fixar a pena por crime de traição, mas não será permitida a morte civil ou o confisco de bens, a não ser durante a vida do condenado.

Artigo IV

Seção 1

Em cada estado se dará inteira fé e crédito aos atos públicos, registros e processos judiciários de todos os outros estados. E o Congresso poderá, por leis gerais, prescrever a maneira como esses atos, registros e processos devem ser provados e os efeitos que podem produzir.

Seção 2

Os cidadãos de cada estado terão direito, nos demais estados, a todos os privilégios e imunidades que estes concederem aos seus próprios cidadãos.

A pessoa acusada em qualquer estado por crime de traição ou outro delito que se evadir à justiça e for encontrada em outro estado será, a pedido da autoridade executiva do estado de onde tiver fugido, presa e entregue ao estado que tenha jurisdição sobre o crime.

Nenhuma pessoa sujeita a regime servil sob as leis de um estado que se evadir para outro estado poderá, em virtude de lei ou normas deste, ser libertada de sua condição, mas será devolvida, mediante pedido, à pessoa a que estiver submetida.

Seção 3

O Congresso poderá admitir novos estados à União, mas não poderá ser formado ou criado um novo estado dentro da jurisdição de outro, nem poderá ser formado um novo estado pela união de dois ou mais estados, ou de partes de estados, sem o consentimento das legislaturas dos estados interessados, assim como do Congresso.

O Congresso poderá dispor do território e de outras propriedades pertencentes ao governo dos Estados Unidos e quanto a eles baixar leis e regulamentos. Nenhuma disposição desta Constituição será interpretada de modo que prejudique os direitos dos Estados Unidos ou de qualquer um dos estados.

Seção 4

Os Estados Unidos garantirão a cada estado desta União a forma republicana de governo e o defenderão contra invasões; e, a pedido da Legislatura, ou do Executivo, estando aquela impossibilitada de se reunir, o defenderão em casos de comoção interna.

Artigo V

Sempre que dois terços dos membros de ambas as Câmaras julgarem necessário, o Congresso proporá emendas a esta Constituição, ou, se as legislaturas de dois terços dos estados o pedirem, convocará uma convenção para propor emendas que, em um e outro caso, serão válidas para todos os efeitos como parte desta Constituição, se forem ratificadas pelas legislaturas de três quartos dos estados ou por convenções reunidas para este fim em três quartos deles, propondo o Congresso uma ou outra dessas maneiras de ratificação. Nenhuma emenda poderá, antes do ano de 1808, afetar de qualquer forma as cláusulas primeira e quarta da seção 9, artigo I, e nenhum estado poderá ser privado, sem o seu consentimento, de sua igualdade de sufrágio no Senado.

Artigo VI

Todas as dívidas e compromissos contraídos antes da adoção desta Constituição serão tão válidos contra os Estados Unidos sob o regime desta Constituição como o eram durante a Confederação.

Esta Constituição e as leis complementares e todos os tratados já celebrados ou por celebrar sob a autoridade dos Estados Unidos constituirão a lei suprema do país; os juízes de todos os estados estarão sujeitos a ela, ficando sem efeito qualquer disposição em contrário na Constituição ou nas leis de qualquer um dos estados.

Os senadores e representantes acima mencionados, os membros das legislaturas dos diversos estados e todos os funcionários do Poder Executivo e do Judiciário, tanto dos Estados Unidos como dos diferentes estados, obrigar-se-ão, por juramento ou declaração, a defender esta Constituição. Nenhum requisito religioso poderá ser erigido como condição para a nomeação para cargo público.

Artigo VII

A ratificação por parte das convenções de nove estados será suficiente para a adoção desta Constituição nos estados que a tiverem ratificado.

Emendas acrescentadas à Constituição dos Estados Unidos, ou que a emendam, propostas pelo Congresso e ratificadas pelas legislaturas dos vários estados, de acordo com o artigo V da Constituição original.

I Emenda

O Congresso não legislará no sentido de estabelecer uma religião, ou proibir o livre exercício dos cultos, ou cercear a liberdade de palavra, ou de imprensa, ou o direito do povo de se reunir pacificamente e de dirigir ao governo petições para a reparação dos seus agravos.

II Emenda

Sendo necessária à segurança de um estado livre a existência de uma milícia bem organizada, o direito do povo de possuir e usar armas não poderá ser impedido.

III Emenda

Nenhum soldado poderá, em tempo de paz, instalar-se em um imóvel sem autorização do proprietário, nem em tempo de guerra, a não ser na forma prescrita em lei.

IV Emenda

O direito do povo à inviolabilidade da sua pessoa, da sua casa, dos seus papéis e haveres contra busca e apreensão arbitrárias não poderá ser infringido, e nenhum mandado será expedido a não ser mediante indícios de culpabilidade confirmados por juramento ou declaração, em particular com a descrição do local da busca e a indicação das pessoas ou coisas a serem apreendidas.

V Emenda

Ninguém será detido para responder por crime capital ou outro crime infamante, salvo por denúncia ou acusação perante um grande júri, exceto nos casos que, em tempo de guerra ou de perigo público, ocorram nas forças de terra ou mar, ou na milícia, durante serviço ativo; ninguém poderá ser ameaçado duas vezes pelo mesmo crime em sua vida ou saúde, nem ser obrigado em qualquer processo criminal a servir de testemunha contra si mesmo, nem ser privado da vida, da liberdade ou dos bens sem processo legal, nem a propriedade privada poderá ser expropriada para uso público sem justa indenização.

VI Emenda

Em todos os processos criminais, o acusado terá direito a um julgamento rápido e público por um júri imparcial do estado e distrito onde o crime tiver sido cometido, distrito esse que será previamente estabelecido por lei; de ser informado sobre a natureza e a causa da acusação; de ser acareado com as testemunhas de acusação; de fazer comparecer, por meios legais, testemunhas de defesa e de ser defendido por um advogado.

VII Emenda

Nos processos de direito consuetudinário, quando o valor da causa exceder vinte dólares, será garantido o direito de julgamento por júri, cuja decisão não poderá ser revista por nenhum tribunal dos Estados Unidos senão de acordo com as regras do direito costumeiro.

VIII Emenda

Não poderão ser exigidas fianças exageradas, nem impostas multas excessivas ou penas cruéis ou incomuns.

IX Emenda

A enumeração de certos direitos na Constituição não poderá ser interpretada como negando ou coibindo outros direitos inerentes ao povo.

X Emenda

Os poderes não delegados aos Estados Unidos pela Constituição, nem por ela negados aos estados, são reservados aos estados ou ao povo.

XI Emenda

O Poder Judiciário dos Estados Unidos não se entenderá como extensivo a qualquer demanda baseada na lei ou na equidade, iniciada ou processada contra um dos estados por cidadãos de outro estado, ou por cidadãos ou súditos de qualquer potência estrangeira.

XII Emenda

Os eleitores se reunirão em seus respectivos estados e votarão por escrutínio para presidente e vice-presidente, e um deles, ao menos, não será residente no mesmo estado que os eleitores; usarão cédulas separadas, e em uma delas indicarão o nome no qual votaram para presidente, consignando na outra cédula o nome do vice-presidente; enumerarão em listas distintas os nomes de todas as pessoas sufragadas para presidente e para vice-presidente, assim como o número de votos obtidos por cada uma delas; assinarão e autenticarão essas listas e as enviarão seladas à sede do governo dos Estados Unidos, dirigindo-se ao presidente do Senado. Todas as cédulas serão por este abertas perante ambas as Câmaras, contando-se os votos. Será eleito presidente o candidato que reunir maior número de votos para esse posto, se esse número representar a maioria dos eleitores designados. Se ninguém obtiver essa maioria, a Câmara dos Representantes escolherá imediatamente, por escrutínio, o presidente, dentre os três candidatos mais votados para a presidência. Mas, na escolha do presidente, serão tomados os votos por estado, tendo direito a um voto a representação de cada um dos estados. Para esse propósito, o *quorum* consistirá de um membro ou membros de dois terços dos estados, sendo necessária, para a eleição, a maioria de todos os estados. Quando, incumbida da eleição do presidente, a Câmara dos Representantes não desempenhar este dever antes do quarto dia do mês de março seguinte, o vice-presidente exercerá as funções de presidente, como no caso de morte ou de qualquer impedimento constitucional do presidente. O candidato que reunir o maior número de votos para a vice-presidência será eleito para esse cargo se o número obtido corresponder à maioria dos eleitores designados; se ninguém obtiver essa maioria, o Senado escolherá o vice-presidente dentre os dois candidatos mais votados. Para a formação de *quorum* exige-se a presença de dois terços dos senadores, e para que haja eleição é necessário reunir-se o voto da maioria do número total. Qualquer pessoa constitucionalmente inelegível para o cargo de presidente dos Estados Unidos será inelegível para o de vice-presidente do país.

XIII Emenda

Seção 1

Não haverá, nos Estados Unidos ou em qualquer lugar sujeito à sua jurisdição, nem escravidão, nem trabalhos forçados, salvo como punição por um crime pelo qual o réu tenha sido devidamente condenado.

Seção 2

O Congresso terá competência para fazer executar este artigo por meio das leis necessárias.

XIV Emenda

Seção 1

Todas as pessoas nascidas ou naturalizadas nos Estados Unidos e sujeitas à sua jurisdição são cidadãs do país e do estado onde tiverem residência. Nenhum estado poderá fazer ou executar leis que restrinjam os privilégios ou as imunidades dos cidadãos dos Estados Unidos, nem privar qualquer pessoa de sua vida, liberdade ou bens sem processo legal, ou negar a qualquer pessoa sob sua jurisdição igual proteção das leis.

Seção 2

O número de representantes dos diferentes estados será proporcional às suas respectivas populações, contando-se o número total dos habitantes de cada estado, com exceção dos índios não taxados; quando, porém, o direito de voto, em qualquer eleição, para a escolha, pelos eleitores, do presidente e do vice-presidente dos Estados Unidos, ou dos membros de sua legislatura, for recusado a qualquer habitante desse estado, do sexo masculino, maior de 21 anos e cidadão do país, ou quando esse seu direito for de qualquer modo cerceado, salvo no caso de participação em rebelião ou outro crime, será a respectiva representação estadual reduzida na mesma proporção que a representada por esses indivíduos em relação à totalidade dos cidadãos de sexo masculino maiores de 21 anos no estado.

Seção 3

Não poderá ser senador, ou representante, ou eleitor do presidente e do vice-presidente, ou ocupar qualquer emprego civil ou militar subordinado ao governo dos Estados Unidos ou a qualquer um dos estados aquele que, como membro da legislatura de um estado, ou funcionário do Poder Executivo ou Judiciário desse estado, havendo jurado defender a Constituição, tenha tomado parte em insurreição ou rebelião contra essa Constituição, ou prestado auxílio e apoio aos seus inimigos. O Congresso pode, porém, mediante o voto de dois terços dos membros de cada uma das Câmaras, remover a interdição.

Seção 4

A validade da dívida pública dos Estados Unidos, autorizada por lei, incluindo as dívidas contraídas para o pagamento de pensões e de recompensas por serviços prestados na repressão de insurreição ou rebelião, não será posta em dúvida. Todavia, nem os Estados Unidos nem qualquer um dos estados deverão assumir ou pagar qualquer dívida ou obrigação contraída para auxiliar insurreição ou rebelião contra o país, nem qualquer indenização por perda ou emancipação de escravos; todas estas dívidas, obrigações ou indenizações serão consideradas ilegais e nulas.

Seção 5

O Congresso terá competência para executar, com legislação apropriada, as disposições deste artigo.

XV Emenda

Seção 1

O direito de voto dos cidadãos dos Estados Unidos não poderá ser por estes negado ou cerceado, nem por qualquer estado, por motivo de raça, cor ou prévio estado de servidão.

Seção 2

O Congresso terá competência para executar este artigo, com legislação apropriada.

XVI Emenda

O Congresso terá competência para lançar e arrecadar impostos sobre a renda, seja qual for a proveniência desta, sem distribuí-los entre os diversos estados, ou levar em conta qualquer recenseamento ou enumeração.

XVII Emenda

O Senado dos Estados Unidos será composto de dois senadores por estado, eleitos pelo povo desse estado, por seis anos; cada senador terá um voto. Os eleitores em cada estado deverão possuir as mesmas qualificações exigidas dos eleitores do Legislativo estadual mais numeroso.

Quando no Senado surgirem vagas na representação de qualquer estado, o Poder Executivo deste estado expedirá editais de eleição para o preenchimento das vagas, podendo a Legislatura de qualquer estado, porém, autorizar o Poder Executivo a fazer nomeações provisórias até que o povo preencha as vagas por eleição, conforme prescrever a Legislatura.

A presente emenda não será entendida como alcançando a eleição ou o mandato de qualquer senador escolhido antes de ela se tornar parte integrante da Constituição.

XVIII Emenda

Seção 1

Um ano depois da ratificação deste artigo, será proibida a manufatura, venda ou transporte de bebidas alcoólicas, assim como a sua importação ou exportação, nos Estados Unidos e em todos os territórios sujeitos à sua jurisdição.

Seção 2

O Congresso e os diversos estados terão competência para fixar as leis que garantam o cumprimento deste artigo.

Seção 3

Este artigo não vigorará enquanto não for ratificado, como emenda à Constituição, pelas legislaturas dos diversos estados, de acordo com as disposições da Constituição, dentro de sete anos a contar da data em que o Congresso submetê-lo aos estados.

XIX Emenda

O direito de voto dos cidadãos dos Estados Unidos não será negado ou cerceado em nenhum estado em razão do sexo.

O Congresso terá competência para, mediante legislação adequada, executar este artigo.

XX Emenda

Seção 1

Os mandatos do presidente e vice-presidente terminarão no dia 20 de janeiro, ao meio-dia, e o mandato dos senadores e representantes, no dia 3 de janeiro, ao meio-dia, nos anos em que esses mandatos terminariam se não fosse ratificado o presente artigo; os mandatos de seus respectivos sucessores terão então início.

Seção 2

O Congresso se reunirá ao menos uma vez por ano, começando as suas sessões no dia 3 de janeiro, ao meio-dia, salvo se por lei for designado outro dia.

Seção 3

Se na época marcada para o início do período presidencial o presidente eleito tiver falecido, assumirá as funções de presidente o vice-presidente eleito. Se o presidente não tiver sido eleito antes da época marcada para o início do período, ou se o presidente eleito não preencher as qualificações exigidas, então o vice-presidente exercerá a presidência até que um presidente satisfaça as qualificações. No caso em que nem o presidente nem o vice-presidente eleitos possuam as devidas qualificações, o Congresso, por lei, determinará quem deverá atuar como presidente, ou como se fará a indicação, cabendo à pessoa designada assumir o cargo, até que um presidente ou vice-presidente seja escolhido.

Seção 4

O Congresso poderá por lei estipular, no caso de falecimento, qualquer uma das pessoas entre as quais a Câmara dos Representantes pode eleger o presidente, sempre que o direito de escolha lhe for atribuído, e, no caso de falecimento, qualquer uma das pessoas entre as quais o Senado pode eleger o vice-presidente, sempre que o direito de escolha lhe for atribuído.

Seção 5

As seções 1 e 2 entrarão em vigor no dia 15 de outubro que se seguir à ratificação deste artigo.

Seção 6

Este artigo não entrará em vigor se não for ratificado, como emenda à Constituição, pelas legislaturas de três quartos dos estados, dentro de sete anos a contar da data em que for a eles submetido.

XXI Emenda

Seção 1

Fica revogada a décima oitava emenda à Constituição dos Estados Unidos.

Seção 2

Fica proibido o transporte ou a importação, por qualquer estado, território ou possessão dos Estados Unidos, de bebidas alcoólicas, para entrega ou uso contrário à lei.

Seção 3

Este artigo não entrará em vigor se não for ratificado, como emenda à Constituição, pela convenção nos diversos estados, conforme estipula a Constituição, dentro de sete anos a contar da data em que o Congresso submetê-lo a eles.

XXII Emenda
Seção 1

Ninguém poderá ser eleito mais de duas vezes para o cargo de presidente, e nenhuma pessoa que tenha sido presidente, ou desempenhado o cargo de presidente por mais de dois anos de um período para o qual outra pessoa tenha sido eleita presidente, poderá ser eleita para o cargo de presidente mais de uma vez. Mas esta emenda não se aplicará a nenhuma pessoa no desempenho do cargo de presidente na época em que foi proposta pelo Congresso, e não poderá impedir qualquer pessoa que seja presidente ou esteja desempenhando o cargo de presidente, durante o período dentro do qual entrar em vigor, de ser presidente ou atuar como presidente durante o resto do período.

Seção 2

Este artigo não entrará em vigor enquanto não for ratificado, como emenda à Constituição, pela Legislatura de três quartos dos diversos estados, dentro de sete anos da data de sua apresentação aos estados pelo Congresso.

XXIII Emenda
Seção 1

O distrito que constitui a sede do governo dos Estados Unidos indicará, da forma que o Congresso decidir: um número de eleitores do presidente e do vice-presidente igual ao número total de senadores e deputados no Congresso, aos quais o distrito teria direito se fosse um estado, mas em nenhuma circunstância em maior número do que o estado menos populoso; eles deverão constituir um acréscimo aos escolhidos pelos estados, mas serão considerados, para a finalidade da eleição do presidente e do vice-presidente, eleitores do colégio eleitoral indicado por um estado e deverão se reunir no distrito e cumprir os seus deveres conforme determina a décima segunda emenda.

Seção 2

O Congresso terá competência para, mediante legislação adequada, executar este artigo.

XXIV Emenda

Seção 1

Não pode ser negado ou cerceado pelos Estados Unidos ou por qualquer dos estados o direito dos cidadãos do país de votarem em qualquer eleição primária para presidente ou vice-presidente, para os eleitores do colégio eleitoral do presidente ou vice-presidente, ou para senador ou representante no Congresso, em razão de não haver pago qualquer imposto eleitoral ou outro imposto.

Seção 2

O Congresso terá competência para, mediante legislação adequada, executar este artigo.

XXV Emenda

Seção 1

Em caso de destituição do presidente do cargo, ou por sua morte ou renúncia, o vice-presidente será o presidente.

Seção 2

Quando ocorrer a vacância do cargo de vice-presidente, o presidente nomeará um vice-presidente, que deverá tomar posse após ser confirmado pela maioria de votos de ambas as casas do Congresso.

Seção 3

Quando o presidente transmitir ao presidente *pro tempore* do Senado e ao presidente da Câmara dos Deputados sua declaração por escrito de que se encontra impossibilitado de exercer os poderes e os deveres do seu cargo, e até que ele lhes transmita uma declaração em contrário, por escrito, tais poderes e deveres deverão ser exercidos pelo vice--presidente como presidente interino.

Seção 4

Quando o vice-presidente e a maioria dos principais funcionários dos departamentos executivos, ou de outro órgão, como o Congresso, possam por lei designar, transmitir ao presidente *pro tempore* do Senado e ao presidente da Câmara dos Deputados sua declaração por escrito de que o presidente está impossibilitado de exercer os poderes e os deveres de seu cargo, o vice-presidente deverá assumir imediatamente os poderes e os deveres do cargo, como presidente interino.

Consequentemente, quando o presidente transmitir ao presidente *pro tempore* do Senado e ao presidente da Câmara dos Deputados sua declaração por escrito de que não existe incapacidade, ele reassumirá os poderes e os deveres do seu cargo, a menos que o vice-presidente e a maioria dos principais funcionários do departamento executivo ou de outro órgão, como o Congresso, venham por lei designar, comunicar dentro de quatro dias ao presidente *pro tempore* do Senado e ao presidente da Câmara dos Representantes sua declaração por escrito de que o presidente está impossibilitado de exercer os poderes e os deveres de seu cargo. Imediatamente o Congresso decidirá a respeito, reunindo-se dentro de 48 horas com essa finalidade, se não estiver em sessão. Se o Congresso, dentro de 21 dias após ter recebido a última declaração por escrito, ou se não estiver em sessão, dentro de 21 dias após ser convocado, decidir por dois terços dos votos de ambas as casas que o presidente está impossibilitado de exercer os poderes e os deveres do seu cargo, o vice-presidente continuará a exercer os mesmos direitos e deveres como presidente interino; caso contrário, o presidente reassumirá os poderes e os deveres do seu cargo.

XXVI Emenda
Seção 1

O direito de voto dos cidadãos dos Estados Unidos, de 18 anos de idade ou mais, não será por estes negado ou cerceado, nem por qualquer um dos estados, por motivo de idade.

Seção 2

O Congresso terá competência para, mediante legislação adequada, executar este artigo.

XXVII Emenda

Nenhuma lei alterando a compensação pelos serviços prestados por senadores e representantes terá efeito até que seja votada pelos representantes.

Apêndice II
Limites geográficos dos tribunais de apelação e das cortes distritais dos Estados Unidos

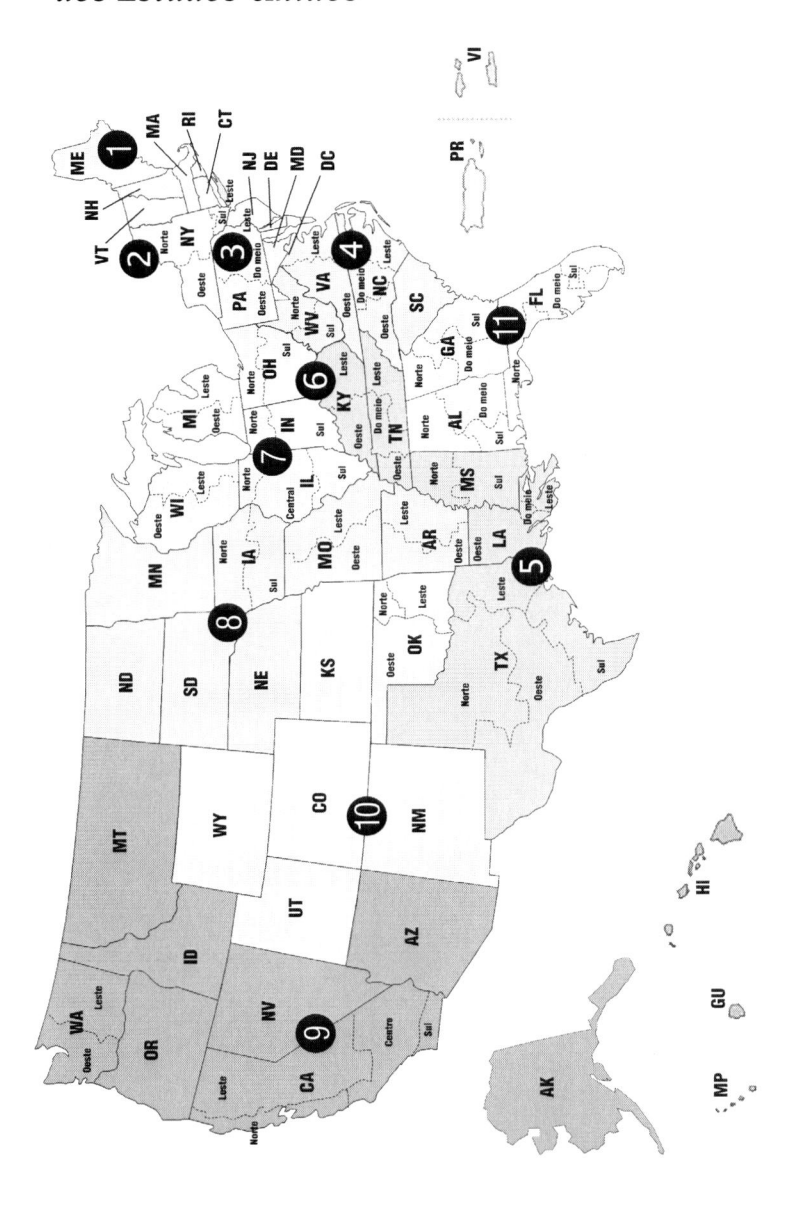